# PPP
Public Private Partnership
## 项目土地应用研究

彭程 等 ◎ 编著

首都经济贸易大学出版社
Capital University of Economics and Business Press
·北京·

图书在版编目（CIP）数据

PPP项目土地应用研究/彭程等编著.--北京：首都经济贸易大学出版社，2021.11
ISBN 978-7-5638-3251-4

Ⅰ.①P… Ⅱ.①彭… Ⅲ.①政府投资-合作-社会资本-应用-土地政策-研究-中国 Ⅳ.①F321.1

中国版本图书馆 CIP 数据核字（2021）第 148876 号

---

PPP 项目土地应用研究
PPP XIANGMU TUDI YINGYONG YANJIU
彭　程　等　编著

---

| | |
|---|---|
| 责任编辑 | 潘　飞 |
| 封面设计 | 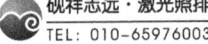 |
| 出版发行 | 首都经济贸易大学出版社 |
| 地　　址 | 北京市朝阳区红庙（邮编100026） |
| 电　　话 | （010）65976483　65065761　65071505（传真） |
| 网　　址 | http：//www.sjmcb.com |
| E-mail | publish@cueb.edu.cn |
| 经　　销 | 全国新华书店 |
| 照　　排 | 北京砚祥志远激光照排技术有限公司 |
| 印　　刷 | 唐山玺诚印务有限公司 |
| 成品尺寸 | 170毫米×240毫米　1/16 |
| 字　　数 | 185千字 |
| 印　　张 | 10 |
| 版　　次 | 2021年11月第1版　2021年11月第1次印刷 |
| 书　　号 | ISBN 978-7-5638-3251-4 |
| 定　　价 | 40.00元 |

图书印装若有质量问题，本社负责调换
版权所有　侵权必究

# 编写组成员

主　编：彭　程

副主编：吕　婧　杨　涛

成　员：陈新平　吴宇伦
　　　　贾英姿　戴　维
　　　　张宏梅　张文文
　　　　霍　然　朱郸青

# 前　言

PPP（Public-Private Partnership）模式，即政府和社会资本合作模式。PPP模式是政府与社会资本在基础设施建设或公共服务供给领域建立的一种长期合作关系。建立健全城市基础设施和公共服务体系是推进经济社会高质量发展的必要条件，而PPP模式则是推进新时代我国城镇化建设的重要模式之一。

长期以来，地方政府都是通过"平台融资+土地财政"的手段来推动城市化建设的，而在现行政策环境下，PPP模式则成为加速城市基础建设的重要手段。土地作为空间载体及重要资源，在城镇化进程中扮演了不可或缺的角色。土地是城市基础设施建设的主要载体，而对于经济落后或城市化率仍较低的地区而言，土地还是其在实现城市化"原始资本积累"时可动用的主要资源。

目前，PPP模式已在全国范围内推广，但有关PPP项目建设用地的取得、土地成本的分摊、土地增值收益的分配，以及溢价归公等问题，至今缺乏系统的研究和明确的实务操作路径，对PPP模式的规范与可持续发展造成了一定程度的制约，亟待系统地加以分析并做出合理的、统一的制度安排。

由于PPP模式涉及的土地问题较多，本书是在借鉴中国财政学会委托课题"PPP项目土地应用研究"（2018年）部分成果，并对相关问题作了进一步研究的基础上成稿的，主要就如何获取PPP项目建设用地、如何利用政府基金预算弥补PPP项目资金来源不足，以及土地溢价分配等问题展开相应的研究。首先，本书对PPP项目用地法规政策进行了梳理，并从应用层面对PPP项目用地取得方式进行了分析，同时重点论述了"土地资源配置"方式的可行性。其次，通过研究政府性基金预算的使用限制，探讨其在城镇综合开发类项目中的应用。再次，通过整理典型的PPP项目案例，梳理各类项目中的土地应用方式，并从扩大PPP项目收入来源的角度，探索溢价归公模式应用的可行性。最后，从土地取得、土地价值的分配利用等多角度提出政策建议。

# 目录 CONTENTS

**第一章　研究背景及意义** …………………………………… 1
 一、PPP 发展背景与现状分析 ………………………………… 1
 二、土地管理制度对 PPP 模式发展的影响分析 …………… 15
 三、研究 PPP 项目土地应用的现实意义 …………………… 24

**第二章　PPP 项目用地相关法规政策梳理** ………………… 26
 一、PPP 项目用地法律法规政策情况 ……………………… 27
 二、PPP 项目相关土地融资政策变化过程 ………………… 42
 三、PPP 项目所应用的土地政策情况 ……………………… 45

**第三章　PPP 项目涉及集体土地的政策应用分析** ………… 52
 一、集体土地特点与 PPP 项目的关联性 …………………… 52
 二、集体土地在 PPP 项目中的创新利用方式 ……………… 54
 三、PPP 项目利用集体土地的政策建议 …………………… 59

**第四章　PPP 项目多样化的用地方式选择** ………………… 62
 一、现行供地方式在 PPP 项目中的应用 …………………… 62
 二、土地资源配置在 PPP 项目中的应用 …………………… 74

**第五章　政府性基金从 PPP 项目支付责任中的剥离** ……… 78
 一、政府性基金预算收入的构成和支出原理 ……………… 78
 二、政府性基金预算支出科目设置对存量 PPP 项目的支撑 …… 81

## 第六章　土地类政府性基金在综合开发类 PPP 项目中的应用 ············ 84
一、城镇综合开发类项目的发展历程 ············ 84
二、土地前期开发及其与 PPP 项目关联问题分析············ 85
三、政府性基金收入在存量 PPP 项目中的使用风险分析············ 87

## 第七章　PPP 项目中的土地应用实践 ············ 91
一、文商旅类 PPP 项目············ 91
二、产业新城 PPP 项目············ 95
三、特色小镇 PPP 项目············ 101
四、田园综合体 PPP 项目············ 112
五、棚改类 PPP 项目············ 114
六、轨道交通类项目············ 118
七、国际案例分析············ 122

## 第八章　溢价归公实现模式 ············ 124
一、溢价归公概述············ 124
二、通过税收实现溢价归公············ 127
三、联合开发的溢价归公模式············ 137
四、其他回收方式············ 141
五、我国采用溢价归公模式的建议············ 144

## 第九章　完善 PPP 项目土地应用政策的建议 ············ 145
一、促进 PPP 发展的涉地政策建议············ 145
二、PPP 模式土地取得各个环节的建议············ 148
三、大型综合 PPP 项目与土地前期开发结合的建议············ 149
四、PPP 项目中土地收益分配的建议············ 149

# 第一章　研究背景及意义

PPP 这一概念最早于 1982 年由英国政府提出，我国官方文件中最早见于财政部 2014 年发布的《关于推广运用政府和社会资本合作模式有关问题的通知》（财金〔2014〕76 号），文中将政府和社会资本合作（PPP）模式定义为政府和社会资本在基础设施及公共服务领域建立的一种长期合作关系。虽然 PPP 这一概念在我国的提出仅有数年，但 BOT 方式从改革开放初期开始至今已有 40 余年的实践，为我国不同时期的基础设施建设和城镇化进程的推进提供了助力。

PPP 作为一种新型融资模式，一方面减轻了项目建设初期较大的政府财政压力；另一方面也提高了社会闲置资本的使用效率，提升了公共服务质量。2014 年至 2017 年，PPP 项目出现井喷式发展。土地作为 PPP 项目的空间载体，成为 PPP 项目规范发展至关重要的问题。

本章将站在我国改革开放的历史视角下，首先分析我国 PPP 模式政策出台的经济和社会发展背景，研究土地利用对于 PPP 项目发展的重要作用；其次在中国现行土地管理制度下，探究 PPP 模式推进与土地管理制度衔接之间存在的政策真空；最后，对 PPP 项目在新形势下的新业态和新特征进行预判。

## 一、PPP 发展背景与现状分析

### （一）PPP 模式发展变迁

1. 中国早期 PPP 模式的历史回顾（BOT 试点和市政公用事业特许经营）

（1）BOT（建设—运营—移交）模式在我国的初步探索与实践（20 世纪 80 年代—90 年代初）

中华人民共和国成立后的很长一段时期，亟须建设大量基础设施以满足城市经济的发展。地方政府作为基础设施领域投资、建设的主要主体（甚至可以说是唯一主体），仅靠单一力量投资、建设的做法给其带来极大的财政压力。改革开放初期，国家开放外资的引入，大量国外先进的技术及资金进入我国的工业、农业等领域，随之开始出现外资与我国地方政府针对基础设施领域的投资意向进行洽谈这一新情况。基于财政、融资及经济发展等诸多需要，部分地方政府开始探索与外资合作建设基础设施，并诞生了一批以"深圳沙角B电厂"为代表性的BOT项目。

"深圳沙角B电厂"BOT模式操作理念由香港的投资人引入并与内地地方政府共同探索推进，政企双方于1984年签订合资协议，项目正式开始实施；1988年项目建设完成，相继投入运营。从项目启动到竣工，国家并没有相关的政策及规范指导、约束BOT项目实施及操作，该项目是借鉴国外经验，引入内地后与地方政府摸索实施的。因此，实施过程中很多未及考虑的问题逐步显露出来，当然这也对BOT模式的逐步成熟起到探索作用。1999年，投资人在运营10年后将电厂正式移交给政府方，项目合作经历了15年，成为我国第一个真正意义上的BOT项目，并得到多地的认可及效仿。

1984年"深圳沙角B电厂"项目启动后，国家层面并未立即启动BOT项目相关研究，直到1993年，国家计委开始有组织地推进BOT项目试点。"深圳沙角B电厂"等项目的实施，为我国BOT项目实施试点推进打下了良好的基础，同时也为BOT模式及其规范性的研究提供了宝贵的经验。

（2）BOT模式的有章可循（1994—2001）

初期BOT模式的发展，主要来自地方政府与投资人的摸索实践。1992年10月，党的十四大确定了进一步加快国家经济发展，建立社会主义市场经济体制的改革目标。在此背景下，当时的国家计委开始研究市场经济下的投融资体制改革，并提出了引入BOT模式的设想。1993年，国家计委开始对国外BOT模式的操作经验进行分析，并结合我国地方政府已实施的项目经验及教训，启动了BOT模式探索引入及规范化操作研究。1995年1月，外经贸部发布了《关于以BOT方式吸收外商投资有关问题的通知》，在正式文件中首次确定了BOT的实施要符合《中华人民共和国外资企业法》《中华人民共和国公司法》《中华人民共和国经济合同法》等关于基础设施领域利用外资的行业政策和有关法律，明确了外资企业投资BOT项目须满足现有政策条件；同时对BOT项目实施的基础条件进行了约束，为BOT规范性实施确立了初步的政策法规依据。

1995年5月，作为试点项目，广西来宾电厂二期工程由国家计委批复采用BOT模式实施，成为我国首个国家级BOT项目，预示着BOT模式将成为市场经济下的投融资改革的主要方式之一。同年8月，国家计委、电力部和交通部联合发布了《关于试办外商投资特许权项目审批管理有关问题的通知》，正式确定了鼓励建设—运营—移交（BOT）模式的方向及范围，初步指导了特许经营的实施操作，对 BOT 项目所涉及的权利、义务、所属权及实施要求做了明确的规定及约束。该阶段针对 BOT 项目的政策规定虽然出台得很少，主要由《关于以 BOT 方式吸收外商投资有关问题的通知》《关于试办外商投资特许权项目审批管理有关问题的通知》等来规范及引导，但是通过理顺这两个"通知"与现行相关法律法规之间的并行关系，为 BOT 项目的实施提供了有法可依、有章可循的支持。不过该阶段国内民营企业参与 BOT 项目的实施仍然比较困难，国家层面依然是以引入外商为主，因而民营企业参与此类项目的政策规范基本空白，故该阶段的政策法规主要还是针对外资进行规范。

（3）市政公用事业特许经营的全面实施（2002—2008）

市场经济改革目标的提出推进了 BOT 模式的初步推广实施，给国家及地方发展带来了一定的经济效益，同时也让政府意识到，要进一步发展经济，须突破现有约束，拓宽渠道，扩大投融资范围，同时需要在市政投资领域建立多元化的投融资机制，故特许经营模式开始受到鼓励和推广。

2001 年，国家计委颁布的《关于促进和引导民间投资的若干意见》，明确了鼓励以特许经营等方式推进实施基础设施和公益事业等项目，鼓励民间资本进入法律法规没有明确禁止的行业，这为市政公用事业多元化投资改革提供了支持，拓宽了投资主体范围。2002 年，党的十六大的召开并提出"推进垄断行业改革，积极引入竞争机制"，从中央层面为进一步推进市政公共事业投资领域特许经营提供了有力的支持。随即，建设部出台了《关于加快市政公用行业市场化进程的意见》，明确开放市政公用行业市场，建立市政公用行业特许经营制度，为全面推广实施特许经营提供了支持。2004 年，建设部颁布了《市政公用事业特许经营办法》，明确了市政公用设施特许经营的市场化方向，并对特许经营相关条件及原则等进行规范，为全面实施特许经营提供了基本的政策保障。因当时的投资体制还存在不少问题，市场配置资源的基础性作用尚未得到充分发挥，从而影响了特许经营的全面市场化，为此国务院出台《关于投资体制改革的决定》，指出进一步深化投资体制改革，鼓励地方政府利用特许经营吸引社会资本参与公益事业和公共基础设施项目，促进投资体制的多元化、市场化发展。该政策是国家层面首次给予特许经营以支持与鼓励，在明确特许经营实施重要性的同时，也对全面实施特许经营表示肯定及支持。此后，国家用了 2—3 年的时间全面推广特许经营的实施，到 2008 年，全国各地的市政公用事业等领域已大量采取特许经营的方式，解决了建设资金不足、政府资金压力过大等问题，同时加快推动了地方乃至国家经济的发展。

**2. 投资融资体制改革推动 PPP 进一步发展**

2008 年，为应对全球金融危机，我国推出"4 万亿经济刺激计划"，各地方政府迎来了以政府投资实施项目为主的热潮。因预算法的限制，该 4 万亿计划需要融资平台作为载体来实施，国家此时也给予了融资平台以相关支持。各地融资平台开始配套大量资金用于基础设施及公共服务等领域的建设项目，很多前期使用特许经营方式实施的项目改为政府投资。随着 4 万亿经济刺激计划的实施，全国各融资平台井喷式爆发的同时，各地也纷纷制定投资计划，但并未从财政承受能力方面考虑计划的可行性。基于政府的固定资产投资计划及任务，各地通过融资平台扩大融资规模，大量基建项目上马，但由于缺少融资平台与政府债务关系的管理约束，导致融资平台的债务不透明，且造成大量政府担保债务。随着经济刺激计划的快速推进，融资平台的债务危机开始普遍显现，债务风险受到中央高度重视。2010 年，因融资平台过度膨胀，给地方政府带来了债务风险，国家发文要求对融资平台公司进行清理规范，要求地方政府规范举债，并全面开始债务核实。到 2013 年 6 月，全国地方性政府债务为 10.89 万亿元，其中通过融资平台举债的金额为 4.08 万亿元[①]。地方政府债务膨胀过快，过度举债，将会面临很大的偿债压力，甚至导致地方经济停滞。为此，2014 年国家开启了新一轮投融资体制改革，以深化解决政府债务及地方经济发展的风险问题。

为应对债务风险，2013 年 11 月，十八届三中全会提出"建立跨年度预算平衡机制，建立权责发生制的政府综合财务报告制度，建立规范合理的中央和地方政府债务管理及风险预警机制"，通过建立有效的债务管理机制来控制债务风险，同时明确了通过拓宽城市建设融资渠道、允许社会资本通过特许经营等方式参与城市基础设施投资和运营，推进城市建设的管理创新，为进一步推进市场化的投融资改革提供了方向。为了防范系统性风险，建立规范的融资举债机制，2014 年 9 月和 10 月，财政部和国务院办公厅分别发布了《关于推广运用政府和社会资本合作模式有关问题的通知》（财金〔2014〕76 号）和《国务院关于加强地方政府性债务管理意见》（国发〔2014〕43 号），再次明确了规范政府举债措施，通过拓宽城镇化建设融资渠道，实施多元化、可持续发展的投资体制，采用推广实施政府和社会资本合作（PPP）模式来防范债务风险进一步扩大，降低政府债务风险，解决地方政府建设投资资金问题。后续国务院和发改委又相继出台了《国务院关于创新重点领域投融资机制鼓励社会投资的指导意见》（国发〔2014〕60 号）、《关于开展政府和社会资本合作的指导意见》（发改投资〔2014〕2724 号），引导地方逐步推进政

---

① 见 2013 年 12 月中华人民共和国审计署发布的《全国地方政府性债务审计结果》。

府与社会资本合作模式的实施，创新项目建设的投融资方式，强化以企业为投资主体，建立吸引社会资本投资的市场化机制。

2016年，中共中央、国务院发布《关于深化投融资体制改革的意见》（中发〔2016〕18号），提出我国将建立"以企业为主、政府引导，放管结合、优化服务，创新机制、畅通渠道，统筹兼顾、协同推进的投融资体制"，确定了社会资本投资项目的主体地位，充分发挥、挖掘社会资本的资金潜力，为项目带来必要的资金。自2014年以来，国家进一步深化投融资体制改革，确定以拓宽项目范围，扩大投资主体，优化融资机制，放宽放活社会资本，采用政府和社会资本合作的模式化解政府债务风险的投融资改革方向。

3. PPP模式体系化及PPP事业良性发展

PPP模式的推广，深化了投融资体制改革。通过多个层面的实施引导、政策体系化、加强规范融资及项目的管理等，逐步形成了PPP模式的体系化建设。PPP模式的体系化也可以说是PPP政策的体系化，通过对政策的不断完善，建立了一个实施、融资及管理的规范体系。

早先，《关于以BOT方式吸收外商投资有关问题的通知》初步确定了BOT模式的可行及实施的条件，不过此政策的实施过于单一，且没有对BOT类项目进行多方面的约束，导致实施过程中出现了很多的风险和问题。此后《市政公用事业特许经营办法》的出台，对行业的限制要求及方案内容的要求，也只形成了单点式的约束。直到财金〔2014〕76号文的出台，PPP模式才开始真正意义上的大规模推广实施，并开启了体系化建设的进程。

《政府和社会资本合作模式操作指南（试行）》（财金〔2014〕113号）的出台，作为指导推动PPP项目实施的纲领性文件，规定了PPP项目的流程、推进方式、实施规范等核心内容；《公共服务领域推广政府和社会资本合作模式指导意见的通知》（国办发〔2015〕42号）、《关于推进水污染防治领域政府和社会资本合作的实施意见》（财建〔2015〕90号）、《关于切实做好传统基础设施领域政府和社会资本合作有关工作的通知》（发改投资〔2016〕1744号）、《关于政府参与的污水、垃圾处理项目全面实施PPP模式的通知》（财建〔2017〕455号）等针对PPP重点行业领域的政策逐步出台；《PPP物有所值评价指引（试行）》（财金〔2015〕167号）、《政府和社会资本合作项目财政承受能力论证指引》（财金〔2015〕21号）等分别从PPP项目实施效益和PPP项目财政风险管控方面提出指导性意见；《政府和社会资本合作项目财政管理暂行办法》（财金〔2016〕92号）、《传统基础设施领域实施政府和社会资本合作项目工作导则》（发改投资〔2016〕2231号）、《关于规范政府和社会资本合作合同管理工作的通知》（财金〔2014〕156号）、国务院

《关于实行中期财政规划管理的意见》（国发〔2015〕3号）等政策针对PPP项目在实际操作中遇到的问题进行规范。《政府和社会资本合作项目政府采购管理办法》（财库〔2014〕215号），则从具体采购实施环节对原有政府采购方式和流程进行了补充。

完善政策体系方可真正达到对项目实施的监管，PPP项目库的建立，有效地完善了政府的监管体系。同时，通过控制债务风险，实施全流程项目资金及融资资金的条件限制及监管，构建了资金投融资的规范体系，这些共同成就了PPP模式实施的体系化。

随着政策体系、监管体系的完善，目前PPP项目管理制度已经基本健全。2016—2018年的项目实施情况很好地体现出PPP良性发展的过程，2016年PPP项目开始大规模实施，2017年PPP项目实施规模及增长速度达到了顶峰，各地处于PPP项目大规模的发展期。

2014年政府推广PPP模式的初期，由于缺乏监管力度以及政策体系、监管体系不健全，导致了很多项目存在不规范操作、难以落地等问题。2017年11月，财政部出台《关于规范政府和社会资本合作（PPP）综合信息平台项目库管理的通知》（财办金〔2017〕92号），全面进行项目合规性清理，大批的PPP项目因不规范操作被退库，截至2018年4月份，全国累计清理退库项目1 695个，整改2 005个[①]，新增PPP项目较前两年大规模下降。通过加大监管力度、严格控制规范性，既有效地控制了PPP项目的持续爆发，又做到了PPP项目可持续发展的良性循环。

（二）PPP模式发展现状

1. PPP模式发展成果

2018年，PPP项目市场总体成交数量仍呈增长趋势，但项目发起规模大幅下降，整体上看增长趋势不及前两年。PPP市场的冷却，一方面源于2017年底以来政府不断加强的PPP模式合规性管理，另一方面在于市场参与者更加理性的决策。2017年是PPP的规范年，项目审批和监管已能够做到统筹兼顾和更加科学。同时，PPP立法工作也有实质性进展，由国务院法制办、发改委、财政部联合起草的《基础设施和公共服务领域政府和社会资本合作条例》已列入《国务院2018年立法工作计划》。

（1）总体情况

自财办金〔2017〕92号文出台以来，新项目入库标准日趋严格，各地政府积极开展项目自查，集中清理"僵尸"项目和违规项目。因此，2018年管

---

① 取自财政部政府和社会资本合作（PPP）中心数据。

理库共清退各地项目2 557个,涉及投资额3万亿元人民币。

财政部政府和社会资本合作中心公开信息显示,截至2021年6月初,全国PPP综合信息平台项目管理库项目数量累计达到10 094个,投资规模达15.6万亿元。其中,已签约落地项目累计7 286个,覆盖除香港、澳门、台湾以外我国的31个省(自治区、直辖市)及19个公共服务与基础设施行业领域;累计开工建设项目4 423个,投资额6.8亿元。

(2) 促进投融资体制变革

财政部示范项目的推广、PPP项目以奖代补资金政策的实施在一定程度上促进了PPP市场的快速发展,已纳入管理库的8 113个项目覆盖多个领域,民间资本参与市场的广度与深度前所未有。社会资本的积极参与深刻地影响了基础设施建设和公共服务供给,为进一步深化我国投融资体制改革作出了重要贡献。

从政府层面而言,在传统的政府直接投资模式下,政府作为建设主体,自行筹备建设资金并通过签订工程承包合同建设基础设施和公用事业;而在PPP模式下,政府作为项目监管者,通过公开采购方式确定优质社会资本方后,由中选的社会资本方独资成立的项目公司或由政府方面的出资代表与中选社会资本方合资组建的项目公司作为项目投资、建设、运营主体,负责基础设施和公用事业的投资、建设及运营。相比之下,PPP模式的发展使政府在项目建设初期得以节省大量资金投入、减轻财政压力的同时,提前对项目未来支出责任进行预测,降低了政府预算的不可控性。

PPP模式的推行有利于激发民间资本的活力,并利用其优势填补城市建设过程中的资金缺口,提升资金使用效率,加快项目建设进度,提高公共服务质量。同时政府也得以从具体管理事务中脱身,从而更好地行使服务和监管职能,这也契合了新一轮深化投融资体制改革"转变政府职能,提升综合服务管理水平"的指导思想。

在政府融资平台层面,国发〔2014〕43号文提出"明确政府和企业的责任,政府债务不得通过企业举借,企业债务不得推给政府偿还"。这表明,融资平台作为政府融资工具的时代已经结束,融资平台的市场化转型也成为其唯一出路和各地的重要任务,而PPP模式的推广则为地方政府融资提供了新的选择。

传统模式下,融资平台通常被指定为政府投资项目的业主单位,以政府信用为背书负责项目建设资金的筹集,实际并无相应决策权。在PPP项目中,融资平台参与项目主要体现了两种身份:一是作为政府方出资代表,作为项目公司股东参与项目投资、建设、运营管理,既向社会资本方借鉴优秀的建设和运营管理经验,又协助政府强化对项目公司的监管职能;二是针对完全剥离政府债务和融资职能的融资平台,作为社会资本方直接参与非本级政府的PPP市场竞争,不再承担政府融资职能,取得实际经营收入和配置资源并实现市场化转型。

总体来说,融资平台参与PPP项目对企业的转型以及可持续经营具有重要的现实意义。一是通过与社会资本方合作积累市场化运作经验,为未来独立开展项目建立基础;二是利用PPP模式将项目风险锁定在PPP项目公司,实现风险隔离;三是针对有稳定现金流的经营性项目通过资本运作实现融资、退出及核心板块培育。

(3) 稳增长重要力量

2017年底的中央经济工作会议和《关于做好2018年地方政府债务管理工作的通知》(财预〔2018〕34号)显示,地方政府债务整顿仍是中央工作重点,这体现出项目融资环境更加艰难,导致部分项目暂缓或停止施工,固定资产投资不足;外部形势复杂多变,经济面临新的压力,通过补短板推进基础设施建设仍将成为后续稳定经济增长的重要措施。

2018年7月31日,中央政治局会议提出"把补短板作为当前深化供给侧结构性改革的重点任务,加大基础设施领域补短板的力度"。补短板主要仍着眼于与交通运输、信息服务相关的基础设施及水利、环境和公共设施管理等传统基建项目的有效投资。我国大部分基层政府的财力不足以支撑成批基建项目的集中性建设,而中央政府对地方债务的控制使得发行专项债、采用PPP模式实施成为加快基础设施与公共服务领域建设的主要融资途径、补短板的主要发力点、稳增长的重要力量。这与李克强总理在2018年9月18日召开的国务院常务会议上强调的"要贯彻党中央、国务院部署,聚焦补短板扩大有效投资","有序推进政府与社会资本合作项目,积极吸引民间资本参与建设"等精神相符合。

政策利好之下,融资环境进一步宽松。从中国银保监会办公厅发布的《关于进一步做好信贷工作提升服务实体经济质效的通知》(银保监办发〔2018〕76号)中可看到"支持基础设施领域补短板,推动有效投资稳定增长","在不增加地方政府隐性债务的前提下,加大对资本金到位、运作规范的基础设施补短板项目的信贷投放"等重要表述,明确了接下来政府固定资产投资的主要方向。

2. PPP项目政府管理体制建设成果

当前,PPP项目政府管理体制建设基本完成,各部门职责分工明确。PPP中心虽设立在财政部门,但仍须遵守政府投资建设项目相关程序,各类申报和审批事项仍属原管理部门范畴。同时 PPP 项目作为一类系统工程，需要较长的合作周期，运营管理同样是持续过程，须由政府各部门建立协调机制，联合推进。

总之，自 2014 年我国大力推广 PPP 模式以来，财政部、发改委及各行业主管部门均出台了一系列规范性文件指导项目实施，在实践过程中，已形成了从中央到地方的财政管理体制及各委办局协调联动的管理机制，主要建设成果体现在以下几方面。

（1）各级政府专设 PPP 管理机构

自 2014 年 12 月正式批准成立财政部政府和社会资本合作中心（财政部 PPP 中心）以来，各级政府相继专设了 PPP 管理机构，建立了中央指导、省级监管、地方实施、项目信息互联互通的管理体系。

财政部 PPP 中心承担的主要职责包括 PPP 工作的政策研究、咨询培训、信息统计和国际交流、PPP 综合信息平台的管理与维护；而省级和地方 PPP 管理机构主要负责监督本级、指导下级单位 PPP 项目实施。

（2）实现 PPP 项目精细化管理

财政部 2015 年发布的《财政部关于规范政府和社会资本合作（PPP）综合信息平台运行的通知》（财金〔2015〕166 号）中明确"未入库的项目，不能列入各地的 PPP 项目目录，不能通过财政预算安排支出"，使入库成为 PPP 项目落地实施以及实现融资的必要条件。PPP 综合信息平台项目库的管理工作由各级 PPP 管理机构负责，具体包括信息填报、审核、统计、分析、汇总上报等。在地方管理机构录入本级项目信息后，经省级财政部门审核并提交财政部审核后即可对外公布，完善了 PPP 项目的审批流程，加强了项目的信息公开工作，提高了市场的透明度，保障了群众的知情权。

在 PPP 项目实施层面，各地也涌现出诸多创新做法：深圳市由市发改委牵头，依托深圳市 PPP 综合信息管理系统建立全市统一的 PPP 综合信息管理系统，包括项目库、咨询机构库、金融机构和社会资本方等库，将项目实施涉及的各方主体纳入信息库中统一管理；河北省财政厅多次组织专家对入库项目进行集中审查，还建立了 PPP 项目管理台账系统，将项目各阶段的信息与实际的财政支出、政府预算安排、奖补资金情况等关联在一起，便于精细化管理；四川省则注重项目信息统计分析，定期公告全省 PPP 咨询服务机构参与项目情况，定期发布项目融资成本信息、项目投资收益分析报告，更好地满足了当地 PPP 项目各方参与主体的需求。

财政部综合信息平台也已启动了 PPP 项目财政支出责任监测预警系统，将各级财政一般公共预算支出历史数据与纳入项目库中项目的财政支出责任进行关联，更便于监测各地PPP项目财政承受能力情况，从而对地方政府债务风险进行有效防控，进一步实现财政治理的现代化。

（3）建立各部门协调机制

各省在实践中多采用联评联审机制、联席会议制度，促进各部门间的协调运作，完善信息互通反馈渠道。如贵州省规定由省发改委、省财政厅借助国际金融组织贷款项目管理（执行）办公室及相关行业主管部门会同有关职能部门组成联评联审工作小组，协调解决项目推进过程中的问题；陕西省由财政、发改部门牵头组成联审小组，联合各部门对项目实施方案进行评审；四川省PPP中心由省财政厅和省发展改革委共同管理，PPP项目实施规范、项目库管理办法、投资引导基金管理办法等文件皆由两部门共同起草；深圳市由市发改委、财政委联合制定了PPP实施细则，对两部门职责进行了明确划分，确定以市PPP联席会议作为最高决策机构领导和统筹全市的PPP项目工作。

各地PPP项目联审制度程序具有差异和各自特点，协调机制也考虑了各地实情。如贵州省针对审查通过的项目，由发改部门出具实施方案初步审查意见，财政部门出具物有所值评价报告和财政承受能力论证报告的审查意见；深圳市由市发改委完成实施方案评估后组织相关部门进行联审，审定后由市发改委出具审核意见，其物有所值评价和财政承受能力论证根据项目是否涉及固定资产投资、是否涉及政府支出责任等再决定开展与否。

3. PPP项目实施及落地情况

下文主要基于财政部政府和社会资本合作中心公开的截至2021年6月末的入库项目信息及财政部PPP综合信息平台2021年半年报的数据，分析我国PPP项目的实施及落地情况。

（1）管理库项目情况

根据财政部PPP综合信息平台2021年半年报数据，截至2021年6月底，管理库累计项目数量10 082个，投资额累计15.8万亿元。

管理库项目阶段分布情况：按照项目所处阶段进行分类，具体数量如图1-1所示。其中，处于准备阶段的项目数量较少，有561个；处于采购阶段的项目数量属于中间水平，有2 003个；处于执行阶段的项目数量最多，为7 518个，PPP项目的周期一般为10~30年。

管理库项目行业分布情况：按照项目库中行业的分类对管理库中已有项目进行统计，结果如图1-2所示，项目数量排前三位的行业分别是市政工程（4 120个）、交通运输（1 395个）、生态建设和环境保护（948个），合计占管理库项目总数的64%，可见PPP项目仍集中在传统基建领域，也体现出各地政府越来越重视生态与环境发展。

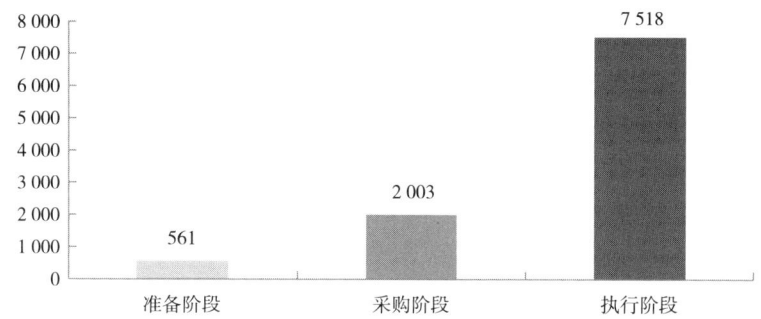

**图 1-1 管理库各阶段项目数量**

数据来源：财政部政府和社会资本合作中心

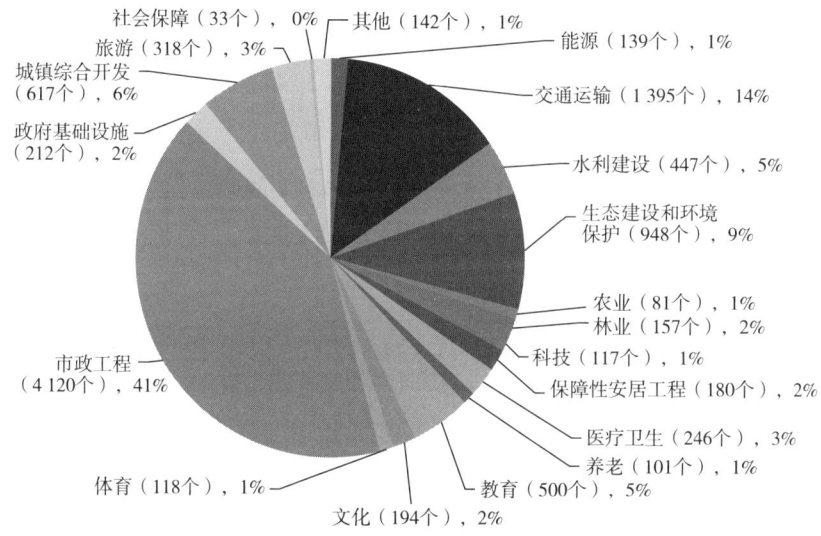

**图 1-2 管理库项目数行业分布情况**

数据来源：财政部政府和社会资本合作中心

管理库项目地区分布情况：按累计项目数量排序，前三位的省份为河南省（833 个）、山东省（750 个）、四川省（558 个），合计占入库项目总数的 21.10%（图 1-3）。按累计投资额排序，前三位的省份是云南省（13 509 亿元）、贵州省（11 914 亿元）、四川省（11 428 亿元），合计占入库项目总投资额的 23.50%。从 PPP 项目分布的主要区位来看，项目投资额较大的地区仍为基础设施建设需求较大的西南、华东等地（图 1-4）。

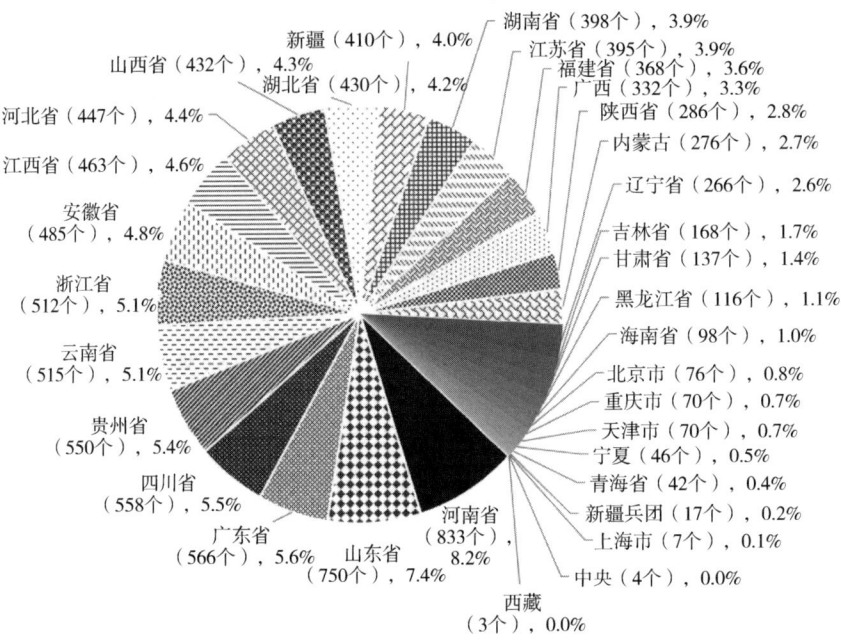

**图 1-3　截至 2021 年 6 月末管理库项目数地区分布**

数据来源：财政部 PPP 综合信息平台 2021 年半年报

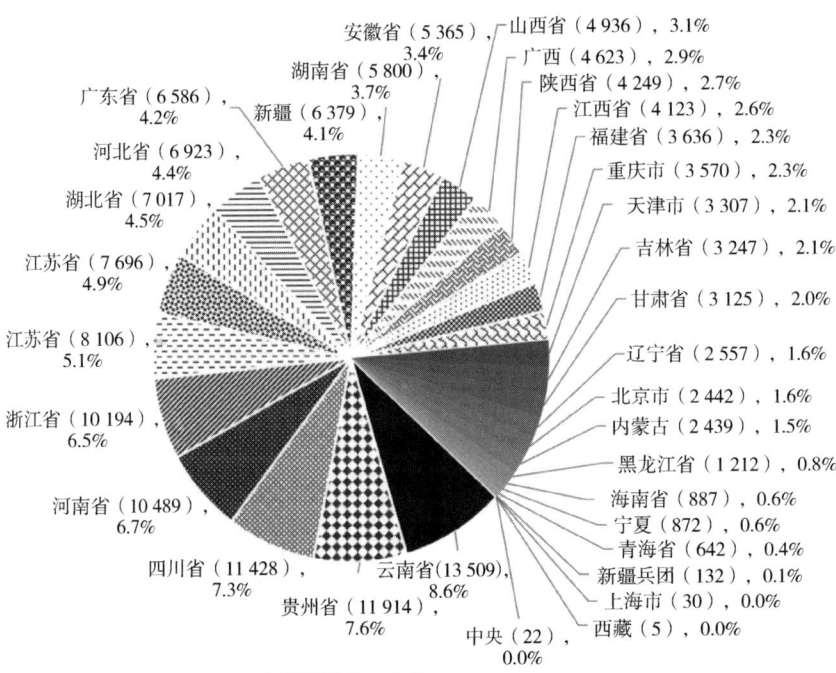

投资额单位：亿元

**图 1-4　截至 2021 年 6 月末管理库项目投资额地区分布**

数据来源：财政部 PPP 综合信息平台 2021 年半年报

（2）签约落地项目情况

进入执行阶段的项目皆已签署 PPP 项目合同，视为签约落地项目。根据财政部 PPP 综合信息平台 2021 年半年报数据，管理库累计落地项目总数 7 422 个、投资额 12.1 万亿元，落地率 73.3%（图 1-5）。

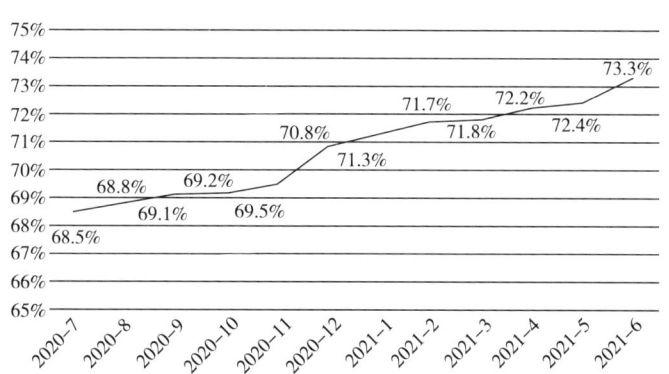

**图 1-5　近 12 个月管理库项目签约落地率变化**

数据来源：财政部 PPP 综合信息平台 2021 年半年报

（3）签约落地项目区域分布、落地率

根据财政部 PPP 综合信息平台 2021 年半年报数据，管理库累计落地项目数排名中，排名前三位的省份为山东省（590 个）、河南省（518 个）、广东省（467 个），占落地项目总数的比例分别为 7.9%、7.0% 及 6.3%，落地率分别为 78.7%、62.2% 及 82.5%，均处于中上水平（图 1-6）。就累计投资额而言，排名前三位的分别为云南省（11 168 亿元）、贵州省（9 822 亿元）和浙江省（9 069 亿元）。就落地率而言，安徽省落地率为 89.7%，北京市落地率为 89.5%，位居前两位（图 1-6）。

（4）签约落地项目行业分布

根据财政部 PPP 综合信息平台 2021 年半年报数据，管理库累计落地项目数前五位是市政工程 3 099 个、交通运输 1 073 个、生态建设和环境保护 706 个、城镇综合开发 453 个、教育 352 个，合计占签约落地项目总数的 76.6%（图 1-7）；累计签约落地项目投资额前五位为交通运输约 4.1 万亿元、市政工程约 3.6 万亿元、城镇综合开发约 1.6 万亿元、生态建设和环境保护 8 162 亿元、水利建设 2 915 亿元，合计占签约落地项目总投资额的 85.7%（图 1-8）。

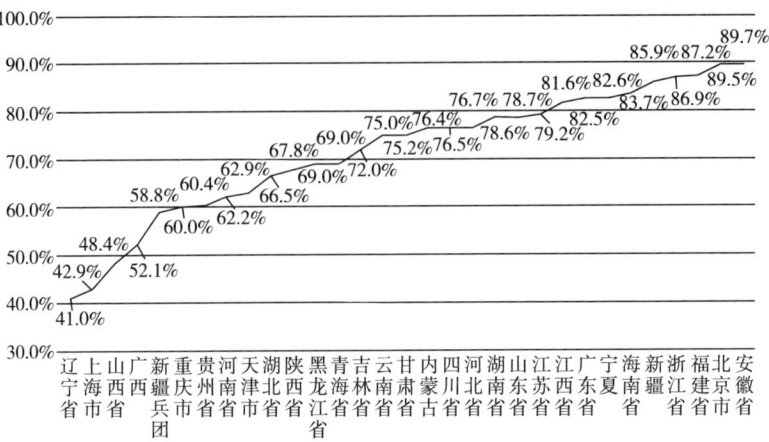

**图 1-6　截至 2021 年 6 月末落地率地域分布情况**

数据来源：财政部 PPP 综合信息平台 2021 年半年报

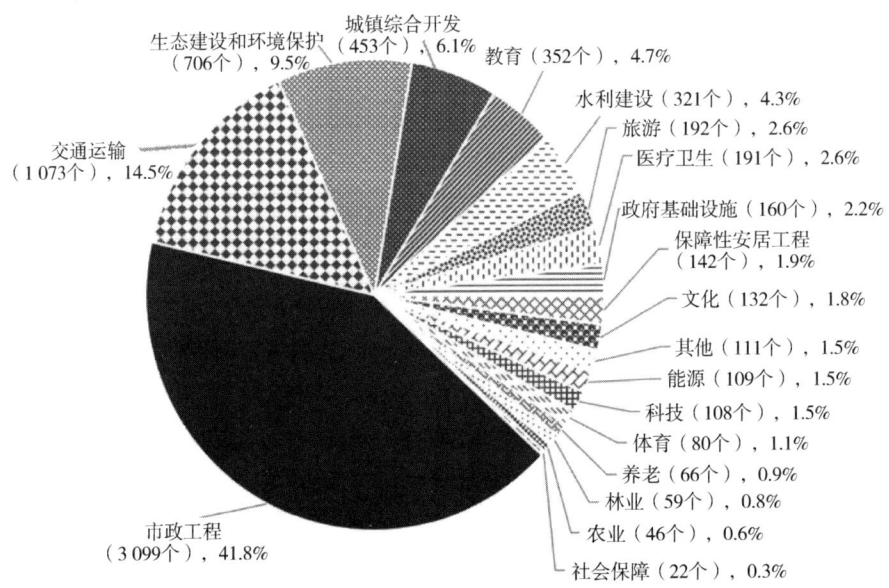

**图 1-7　截至 2021 年 6 月末落地项目数行业分布**

数据来源：财政部 PPP 综合信息平台 2021 年半年报

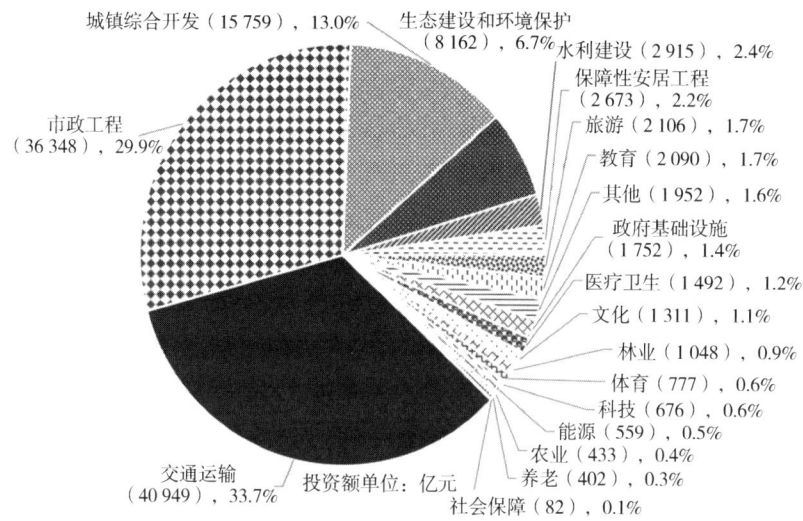

图1-8 截至2021年6月末落地项目投资额行业分布

数据来源：财政部PPP综合信息平台2021年半年报

## 二、土地管理制度对PPP模式发展的影响分析

### （一）我国土地制度变迁

1. 马克思土地产权理论对我国土地制度的影响

我国作为社会主义国家，土地公有制是我国的基本土地制度，包括全民所有制和劳动群众集体所有制。在该基本制度下，衍生出带有中国特色的土地产权权能制度、土地权能的分离以及行政化和市场化配置方式。

马克思土地产权理论是我国土地权能、权利构成的基础思想。马克思在《资本论》《剩余价值理论》等著作中，对土地产权的内涵与外延做了详细的论述，构成马克思对土地产权权能的理论基础。马克思认为，土地产权由终极所有权及其衍生出的占有权、使用权、处分权、收益权、出租权、转让权、抵押权等权能组成。这与当前我国土地产权权能设置基本一致。在此基础上的优化和限制，一是对占有权和使用权进行合并；二是将处分权和收益权、出租权在建设用地和农用地等用途层面进行区分，并且有针对性地进行了区分；三是由于我国国有和集体所有形成的城乡二元结构，在转让权层面对集体土地进行了限制，随着对集体土地"同地同权、还权赋能"的试点探索，正在逐渐消除二元结构。

马克思土地产权分离理论在中国土地管理制度中得到了创新实践。马克思认为，将土地产权权能集中起来，由单一产权主体行使，又可以从中分离出一项或多项权能，独立运行。为了进一步解放生产力，在土地公有制基础上体现对生产者和使用者的保护，我国土地管理制度进行了创造性的实践。一是将土地所有权与使用权进行分离，同时通过物权法，以"用益物权"对获取土地使用权的生产个体和自然人的权益进行了有效保护；二是将集体土地进行三权分置改革，提出"落实所有权、稳定承包权、放活经营权"，此举不仅保障了社会主义国家基本制度和农民利益，而且通过土地资源的市场化配置进一步解决了"三农"问题；三是通过收益权、出租权和抵押权的有效整合，在金融创新层面开展了众多尝试和探索，高效地实现了土地资源的使用价值和交易价值。

马克思土地产权商品化理论为中国土地资源的行政化和市场化配置提供了理论依据。马克思认为，在商品经济中，土地产权为了寻求其与其他财产权利的优化配置，自然会按市场规则进行有效流转，即土地产权配置市场化。中国自改革开放以来，从地方到全国逐步探索土地的有偿使用制度，利用市场化方式对土地进行配置。一是1998年对土地管理法的修编，第一次通过立法明确了土地的有偿使用制度，并逐渐形成了一套完备的土地招拍挂出让制度；二是基于马克思商品化配置理论，通过政策引导丰富了配置方式，如土地使用权转让、土地承包权流传、土地使用权出租、土地使用权作价入股等；三是针对国家安全、民生等公共领域，继承了计划经济时代的土地利用方式，通过行政化手段以划拨或无偿转让方式进行配置，保障了国家和人民的基本利益。

2. 新中国成立前党的土地政策（1924—1949）

（1）大革命时期（1924—1927）

大革命时期，党的土地政策主要是打土豪，分田地。

（2）土地革命时期（1927—1936）

1928年12月，毛泽东主持制定了《井冈山土地法》，作为党的历史上的第一部土地法，它秉承了中共六大精神，其中第1条规定"没收一切土地归苏维埃政府所有"，第2条规定"一切土地，经苏维埃政府没收并分配后，禁止买卖"。1929年4月，毛泽东主持制定了《兴国土地法》，在总结井冈山土地革命经验教训的基础上，将《井冈山土地法》中的"没收一切土地"修改为"没收一切公共土地及地主阶级土地"。

（3）抗日战争时期（1937—1945）

此时，国内的主要矛盾由阶级矛盾变为民族矛盾。中国共产党为了团结一切可以团结的力量共同抗日,在这一时期停止了原来的没收地主阶级土地的做法,改为地主减租减息,农民交租交息。

(4) 解放战争时期(1945—1949)

随着解放战争的全面展开,国内的主要矛盾也从民族矛盾变为阶级矛盾,党的土地政策也从抗日战争时期的减租减息改为没收地主土地并分配给农民,废除封建性和半封建性剥削的土地制度,实行耕者有其田。当然,这一时期还没有实现生产资料的公有制,土地只是由地主私有变为了农民私有。

3. 新中国成立初期土地相对统一管理阶段(1949—1954)

1949年9月,中国人民政治协商会议第一次会议召开。会议通过了《中国人民政治协商会议共同纲领》,并据此制定了《中华人民共和国中央人民政府组织法》。该法规定,在政务院内务部下设地政局,负责全国各类土地的统一管理。地政局的职责是:土地测量、登记,土地证的发放,土地征用,城市房地产政策的规划,公共房屋的管理分配和保护,城市基建计量的审核等。此外,由财政部管理土地估价等工作,由农业部管理土地利用工作。

1952年,中国的土地改革取得决定性胜利,国民经济得到恢复发展,政府管理部门分工随之日益细化,土地管理工作也是如此。1952年,城市营建规划及考核工作移交新成立的建筑工程部。1954年,因农业合作化的发展和农村地籍的变化,撤销了地政局,在农业部设土地利用总局。地政局的撤销,标志着新中国成立初期土地统一管理体制的结束。

4. 土地分散管理阶段(1955—1985)

自地政局被撤销后,我国土地行政管理体制进入了分块分部门管理的阶段。城市土地主要由国务院下设的城市建设部(1956年设立)管理,后城市建设部改为国家建设总局,1982年并入新成立的城乡建设环境部。当时,城乡建设部对土地管理的职责包括:编制全国城市的中长期土地规划使用计划和年度计划,并经国家批准后负责组织实施;指导和组织城市规划工作;负责城市住宅建设和公房、私房及地产的管理工作,编制住宅建设计划;指导乡村居民点、村庄、集镇的规划和建设,负责管理批准城市(包括市、县城、镇、工矿区)规划范围内的土地;等等。

1962年,国务院设立国家房地产管理局作为国务院的直属机构。农村土地主要由农垦部和农业部管理,农垦部主要管理国营农场和农村荒地开发,农业部主要管理农村耕地。

1982年成立农牧渔业部,下设土地管理局,加强了对农村土地的管理。此外,国务院各相关部门也分别管理各自的土地利用工作,如林业部、交通部、水电部、铁道部、商业部等。

5. 土地统一管理阶段（1986—2003）

1986年，中共中央、国务院发布了《关于加强土地管理、制止乱占耕地的通知》，决定在城乡建设部与农牧渔业部负责管理土地工作的职能部门基础上成立国家土地管理局，负责全国城乡统一的土地管理工作。国家土地管理局下设办公室、地籍管理司、土地利用规划司、建设用地规划司、监督检察司、政策法规司、科技宣教司等。其主要职责是：拟订和贯彻执行国家土地法律、法规和有关政策，主管全国的土地调查、登记、统计、发证和分等定级工作，组织编制全国的土地利用总体规划，审查省级的土地利用总体规划，负责全国近期的年度用地计划的编写工作，主管全国的土地征用、划拨工作，承办由国务院批准征、拨用地的审查、报批工作，负责全国城乡土地利用中重大问题的协调工作，检查、监督各地、各部门的土地利用情况，会同有关部门调解处理重大土地纠纷案件，管理全国城乡土地重大违法案件的查处工作等。

1988年，进行机构改革，保留了国家土地管理局。同年，国家机构编制委员会批准了《国家土地管理局"三定"方案》，在职责上强调了由其统一管理土地资源和对城乡地籍的管理工作、地政工作，统一查处土地权属纠纷。

1998年，由地质矿产部、国家土地管理局、国家海洋局和国家测绘局共同组建国土资源部，其主要职能是主管土地资源、矿产资源、海洋资源等自然资源的规划、管理、保护与合理利用。至此，我国从陆地到海洋、从土地到矿产实行了集中统一的管理，建立起了现行的土地管理体制。到1998年，全国已形成了从中央、省（自治区、直辖市）、市（地）、县（市）到乡（镇）的五级土地管理体系。

6. 土地垂直管理阶段（2004年至今）

2004年，国务院发布了《关于做好省级以下国土资源管理体制改革有关问题的通知》（国发〔2004〕12号），明确提出省级人民政府承担保护土地资源的责任，落实最严格的耕地保护制度，切实加强矿产资源管理，即实行土地垂直管理体系，对土地总体规划利用的审批权收归省级人民政府。地方机构设置主要包括：市（州、盟）、县（市、旗）国土资源主管部门是同级人民政府的工作部门，其机构编制仍由同级人民政府管理；地区国土资源主管部门的机构编制仍由行署管理。市辖区国土资源主管部门的机构编制由市人民政府改为国土资源管理分局，为市国土资源主管部门的派出机构。乡（镇）国土资源管理所的机构编制由县（市、旗）人民政府管理，县（市、旗）可以根据实际情况和工作需要，按乡（镇）或区域设置国土资源管理所，为县（市、旗）国土资源主管部门的派出机构。

2006年，国务院办公厅发布了《关于建立国家土地督察制度有关问题的通知》（国办发〔2006〕50号），决定在国土资源部设立国家土地总督察办公室（正局级），进一步强化了土地垂直管理体制。国家土地总督察办公室的主要职责是：拟定并组织实施国家土地督察工作的具体办法和管理制度，协调国家土地督察局工作人员的派驻工作，指导和监督检查国家土地督察局的工作，协助国土资源部人事部门考核和管理国家土地督察局工作人员，负责与国家土地督察局的日常联系、情况沟通和信息反馈工作。同年，国土资源部共向全国派出9个督察局，分别是北京局、上海局、沈阳局、南京局、济南局、广州局、成都局、西安局和武汉局。

2008年，根据第十一届全国人民代表大会第一次会议批准的国务院机构改革方案和《国务院关于机构设置的通知》（国发〔2008〕11号），国土资源部仍是国务院的一个组成部，下设15个司（厅、局）。根据最新的"三定方案"，国土资源部取消了已由国务院公布取消的行政审批事项，取消相关职业技能鉴定、颁证职责；将科技成果转化具体实施的职责交给事业单位和社会中介组织，将土地评估、矿业权评估、矿产资源储量评审机构和人员资质认定职责交给行业协会。

2013年，国土资源部相关职能经历过微调。2013年3月的《国务院机构改革和职能转变方案》提出，重新组建国家海洋局，由国土资源部管理。

2018年，国务院机构改革方案提出将不再保留国土资源部、国家海洋局、国家测绘地理信息局，组建自然资源部。

最新的国务院机构改革方案（详版）中明确规定，新组建的自然资源部职责将整合国土资源部的职责，国家发展和改革委员会的组织编制主体功能区规划职责，住房和城乡建设部的城乡规划管理职责，水利部的水资源调查和确权登记管理职责，农业部的草原资源调查和确权登记管理职责，国家林业局的森林、湿地等资源调查和确权登记管理职责，国家海洋局的职责，国家测绘地理信息局的职责。

整合后自然资源部的主要职责为：对自然资源开发利用和保护进行监管，建立空间规划体系并监督实施，履行全民所有各类自然资源资产所有者职责，统一调查和确权登记，建立自然资源有偿使用制度，负责测绘和地质勘查行业管理等。

此次的调整组建有利于管理职能的加强，尤其在功能区规划、自然资源确权等方面，过去城市规划归住建部门，国土规划归国土部门，森林规划归林业部门，草原规划归农业部门，流域规划归水利部门，而这些方面在现实中却是交叉的，实际规划中难以分清，此次这些职能划归在一处，更加利于管理，对于权责划分也更加明确。同时，对在立法、标准、技术规范等方面的监督职能也有所整合与加强。

(二) 现行土地管理制度对 PPP 项目的影响

1. 土地用途管制制度是 PPP 项目用地的基础

自 2004 年《中华人民共和国土地管理法》修订后，国家开始实行土地用途管制制度。随着土地使用监察制度的建立，用途管制制度得到进一步严格执行。

国家实行土地用途管制制度，旨在保证土地资源的合理利用，促进经济、社会和环境的协调发展。当前，由自然资源部统筹管理，通过经济和社会发展、土地和城市的多规合一，规定土地用途，明确土地使用条件；土地所有权人、土地使用权人必须严格按照规划确定的用途和条件使用土地。

根据我国相关规定，目前 PPP 适用领域为基础设施建设和公共服务设施建设领域，同时随着 PPP 政策发展和部门联动，其在产业园区、特色小镇、田园综合体和文旅综合项目上亦有所实践。因此，除了传统市政公建用地，PPP 项目也可能涉及工业用地、综合用地、农业用地、集体建设用地、文化旅游用地等众多类型。因此，PPP 项目用地的取得和使用首先要遵循土地用途管制制度，具体而言包括如下方面：一是严格实行耕地保护制度，禁止在无新增和占补平衡指标的情况下利用农用地开展 PPP 项目建设；二是 PPP 项目用地须符合建设用地规划用途，包括用地范围、用地类型、建设强度及环保要求等；三是针对部分带有经营性用地的土地取得，应严格执行国家土地相关出让制度；四是针对 PPP 项目适用范围以外的政府投资项目和社会投资项目，不应采取 PPP 模式，而应采用其他政府投资或市场化模式。

2. 土地储备制度对 PPP 项目发展的制约

我国开展土地储备工作由来已久，其法律与制度建设在大约十年前也已基本完成。2018 年 1 月 3 日，国土资源部、财政部、中国人民银行、中国银行业监督管理委员会又联合修订《土地储备管理办法》，进一步加强和规范了土地储备管理。土地储备制度已成为绝大部分省、市、区、县国有建设用地形成供应条件的必要流程，新办法中明确要求对土地储备机构实施名录制管理，实际上是收缩了承担土地收储职能的单位范围，截至当前，各级土地储备中心已基本成为地方政府进行土地收储的唯一机构。

与此同时，由各级财政部门负责土地储备资金及形成资产的监管。《土地储备资金财务管理办法》（财综〔2018〕8 号）中明确土地储备资金来源为："①财政部门从已供应储备土地产生的土地出让收入中安排给土地储备机构的征地和拆迁补偿费用、土地开发费用等储备土地过程中发生的相关费用；②财政部门从国有土地收益基金中安排用于土地储备的资金；③发行地方政府债券筹集的土地储备资金；④经财政部门批准可用于土地储备的其他财政资金。"对土储资金的严格限制也在一定程度上影响了PPP项目的模式设计和实施推进。

对于在城镇综合开发类和经营性用地上建设PPP项目的收储投资工作是否可纳入PPP项目范围，仍存在较大争议。由于此类项目通常位于新兴发展地区，政府针对项目土地收储往往没有财政预算安排，需要引入社会资本投入。但是目前，政策层面尚未明确界定PPP项目社会资本方提供的资金性质与资金使用流程，同时基于项目回报机制的设计模式，土地储备资金投资主体与收储实施主体的分离也为此类项目的实施带来风险。

3. 项目用地取得方式与PPP项目设计的匹配问题

项目用地取得方式有多种形式，在一级市场有诸如划拨、出让等，在二级市场有租赁、土地作价入股、出让等。不同的取得方式在项目投资边界、合作年限、交易结构等方面都有不同的限制。因此，PPP项目设计须匹配不同的项目用地取得方式。

4. 土地出让收入作为政府支付责任资金的争议

根据财政部政策文件，已明确将PPP项目政府支付责任的资金来源归于一般公共预算支出，而基金预算支出也已在《财政部关于推进政府和社会资本合作规范发展的实施意见》（财金〔2019〕10号）（以下简称"财金10号文"）出台后明确，即新签约项目不得从政府性基金预算安排PPP项目运营补贴支出。但是针对存量项目在财政部《政府和社会资本合作项目财政承受能力论证指引》（财金〔2015〕21号）中尚未就基金预算支出明确以下几点问题：一是基金预算支出有其自有的支出管理方式，如何与PPP项目平滑支出匹配；二是基金预算支出可用于PPP项目政府支付责任资金来源的比例；三是基金预算支出存在科目限制，如何与PPP项目支出科目进行对应。

5. 大型综合开发PPP项目的政策局限性

城镇综合开发类PPP项目作为一类特殊项目，缺乏土地管理制度的支撑。一是其子项目数量众多，投资体量巨大，在用地方式和土地指标层面较难在项目论证前期完全明确；二是项目合作模式、回报机制、回款来源须由基金财政支出，而财金10号文颁布后不再允许新签约的PPP项目安排PPP项目运营补贴支出，使各方存在矛盾和顾虑；三是项目中的经营性用地如何进行收储和供应并与整体投资建设计划相匹配，尚缺乏技术指导方法。

（三）PPP项目土地政策应用的经验总结

新中国最早的土地使用及管理法规可追溯至1986年颁布的土地管理法，

其中第二条明确规定"国家依法实行国有土地有偿使用制度。但是，国家在法律规定的范围内划拨国有土地使用权的除外"。由此可见，我国的土地使用制度分为有偿使用及划拨使用。

2001年10月，国土资源部颁布的《划拨用地目录》中明确指出，"对国家重点扶持的能源、交通、水利等基础设施用地项目，可以以划拨方式提供土地使用权。对以营利为目的，非国家重点扶持的能源、交通、水利等基础设施用地项目，应当以有偿方式提供土地使用权"。该目录中同时明确了可采用划拨用地实施的领域及项目类型。

1. PPP项目用地的常规取得方式

自2014年以来国家大力推行PPP项目，关于PPP项目的应用领域的定义，财金〔2014〕76号文中明确提出是"在基础设施及公共服务领域建立的一种长期合作关系"。同时，国家发改委颁布的发改投资〔2014〕2724号文中明确，PPP模式主要适用于"政府负有提供责任又适宜市场化运作的公共服务、基础设施类项目。燃气、供电、供水、供热、污水及垃圾处理等市政设施，公路、铁路、机场、城市轨道交通等交通设施，医疗、旅游、教育培训、健康养老等公共服务项目，以及水利、资源环境和生态保护等项目均可推行PPP模式"。

可见，PPP应用领域与符合划拨用地的项目具有高度的重合性，即划拨方式是PPP项目取得项目用地的主要方式。

2. 针对"两标并一标"的探索

"两标并一标"是指PPP项目招标与土地竞标合并实施的操作方式。

PPP项目作为具有公益性的项目，其经营收益通常有限，能够通过经营收益完全覆盖项目成本及合理收益的PPP项目更是稀缺的优质项目。因此，PPP项目付费方式中可行性缺口补助及政府付费的方式普遍存在。同时，土地资源作为地方政府控制力最强的有价资源，虽然其转化为财政收入在时间上存在不确定性，但其价值普遍被企业及金融机构认可。因此，市场上出现了一批经营性用地与PPP项目合并实施的项目，同时还有另一批在具有经营性特点的复合用地上实施具有公益性的PPP项目，并通过经营性收益弥补PPP项目投资运营收益的项目设计与包装思路。

然而，一方面，项目整体包装的合法合规性有待论证。另一方面，2007年9月国土资源部39号令《招标拍卖挂牌出让国有建设用地使用权规定》第四条明确规定：工业、商业、旅游、娱乐和商品住宅等经营性用地以及同一宗地有两个以上意向用地者的，应当以招标、拍卖或者挂牌方式出让。因此，实际操作的核心问题是如何将土地"招拍挂"与PPP项目采购两个法定流程进行合并。其难点是：PPP项目社会资本方采购与土地竞标是两个不同过程，且分管部门不同，但是既要保证两个竞标过程最终产生同一中标人，又须保证两个竞标具有公平公正性。

财政部在"两标并一标"的问题上提出了指导性意见，但仍缺乏实施细则。财政部等《关于联合公布第三批PPP示范项目 加快推动示范项目建设的通知》（财金〔2016〕91号）中提出，依法需要以招标、拍卖、挂牌方式供应土地使用权的宗地或地块，在市、县国土资源主管部门编制供地方案、签订宗地出让（出租）合同、开展用地供后监管的前提下，可将通过竞争方式确定项目投资方和用地者的环节合并实施。不过实际操作中，往往把PPP项目的各项要求作为取得土地的竞得条件，其在多地试验中仍是两个独立的流程。

（四）当前土地制度对PPP项目的影响

1. 土地利用方式的多元化方向发展

如前所述，我国土地资源配置方式在马克思土地产权理论基础上已进行过诸多探索和实践；当前政策体系下，PPP项目土地利用方式正向更加多元化的方向发展。

首先，随着PPP项目类型的丰富和不断实践，更多类型和复合型的项目须针对各类规划用途土地进行取得方式的安排，同一类或同一个项目用地也往往需要利用多种方式取得；其次，项目用地使用权的有偿取得方式除了传统的转让和出租，还通过"两标并一标"引入了招拍挂方式，增加了PPP项目的竞争性；最后，随着国家土地利用政策和试点政策推行，对PPP项目用地取得有了更多选择，如作价入股、租赁、经营权流转等。

2. 用地类型体现新形态和综合性

随着城乡规划理念的演进、市民生活方式的转变和科学技术的发展，以基础设施和公共服务设施为代表的城乡公共产品也在不断演进、发展，因此用地类型也开始体现出新形态和综合性。

一方面，是依托各类市政和公共服务行业技术的发展，对项目接驳、必要配套设施等新技术和设计经营理念，对用地本身规模、建设强度、地下设施等进行创新；另一方面，是为了实现土地的节约、集约利用，对项目的外围增值服务和其他城市功能进行整合，体现出用地功能的复合性和综合性。

3. 耕保制度和集体土地利用创新为城乡建设提供新空间

随着以北京和上海为代表的一线城市提出以"减量规划"为原则的城市规划思路和方向，以及我国对城镇化发展在质量上的更高要求，全国各大中城市国有建设用地指标都对城市建设和发展产生了不同程度的影响，随着城乡统筹和城乡一体化的推广，下一步利用集体土地开源也为PPP项目提供了新空间。

一是用好建设用地增减挂钩政策，有效整合农村低效建设用地指标，使其发挥更大使用价值和社会效益；二是随着国家在占补平衡指标跨省交易机制方面的探索，进一步优化中国城镇规模和结构；三是利用国家开展的集体土地创新试点政策，探索利用集体土地开展PPP模式适用领域的项目。

## 三、研究PPP项目土地应用的现实意义

### （一）厘清PPP模式与项目用地关系问题

由于大部分PPP项目都属于传统基础设施领域的项目，其建设与运营离不开对特定区域土地资源的占用。因此，在既定的城市规划、土地利用总体规划框架下，如何合法依规地取得项目建设用地既是PPP项目全生命周期管理的重要环节，也是PPP项目能否顺利落地的前置条件。与一般社会投资项目用地相比，PPP项目用地有其自身的特殊性和复杂性。

首先，PPP项目用地的特殊性不仅与PPP项目用地的属性有关，也与PPP项目投资本身的性质有关。PPP项目涉及的建设用地兼有双重角色：一方面，作为一种自然资源，土地是PPP项目的物质载体；另一方面，作为一种资本，土地又是PPP项目的投入要素。PPP项目的投资也具有二重性，既具有公共投资的属性，又兼有私人投资的成分。PPP项目投资的二重性就引出了是按政府项目供地，还是按私人项目供地的问题。

其次，PPP项目用地的复杂性与组合类PPP项目有关。一些组合类PPP项目（产业新城、产业园区、特色小镇、田园综合体）或铁路综合开发项目等往往涉及多宗性质迥异、用途不同的土地，需要按照不同的年限及方式申请建设用地。所以，在处理PPP项目涉地问题时，如何做到既遵循现行土地管理规章制度，又能兼顾PPP项目用地的特殊性与复杂性，是政策制定者、实务部门共同面临和亟待解决的现实问题。

### （二）解决PPP模式与土地管理衔接问题

我国现行土地管理制度的制定早于PPP模式规范的制定，由于土地与PPP的管理部门不同，因此政策的匹配与衔接尤为重要。这就需要通过对PPP政策及土地管理制度的梳理，把土地管理基本制度，如土地权属制度、土地收储制

度和土地出让制度等与我国现代财政制度，如财政收支平衡、预算收支两条线、政府投融资机制等在实操层面进行可行性分析和论证，思考并探索从政策协同角度解决PPP项目土地空间和价值应用等问题。

(三) 探索PPP项目土地利用的解决方案

以政策协同为手段，在不突破现有政策体系前提下，为PPP项目土地应用进行模式、案例总结和经验借鉴。同时结合我国新型城镇化路径选择、PPP模式发展目标及土地管理发展趋势，总结各类PPP项目土地应用原理和方式，在合法合规基础上探索土地利用的新视角和新方法以支持PPP项目落地。

(四) 为促进PPP可持续发展提供借鉴思路

土地作为PPP项目的空间载体和城市价值载体，在PPP立法阶段必然要对其进行更深层次的探讨和分析。本研究将主要结合项目案例分析及实操经验，厘清土地应用在PPP项目中的关键节点和处理手段，从而为PPP项目落地实施提供政策思路和解决方案。

# 第二章　PPP 项目用地相关法规政策梳理

自 2014 年国家大力推行 PPP 模式以来，经过七年努力，我国 PPP 制度框架体系建设取得了显著效果，一个全国统一的大市场初步形成，并通过示范项目的带动，实施了一大批支持转型发展和民生保障项目。

党的十八届三中全会以来，为了培育发展新动能，推进供给侧结构性改革，实现稳增长、调结构、促就业等目标，国务院及其所属部门出台了一系列促改革、惠民生的政策措施，PPP 作为其中的一项手段正发挥着越来越重要的作用。2014 年 11 月，国务院《关于创新重点领域投融资机制鼓励社会投资的指导意见》（国发〔2014〕60 号）提出"鼓励按照'多式衔接、立体开发、功能融合、节约集约'的原则，对城市轨道交通站点周边、车辆段上盖进行土地综合开发，吸引社会资本参与城市轨道交通建设"，这是在财政部《关于推广运用政府和社会资本合作模式有关问题的通知》（财金〔2014〕76 号）公布后，国务院首次提出建立健全政府与社会资本合作（PPP）机制，并再次重申要利用铁路土地综合开发政策，鼓励社会资本参与铁路及城市轨道交通建设的意见。为此，我国已发布实施了约 60 项与 PPP 项目有关的土地政策，这些政策文件主要是由国务院或国务院所属部门发布的，如《关于开展政府和社会资本合作的指导意见》（发改投资〔2014〕2724 号）、《国务院办公厅转发财政部　发展改革委　人民银行关于在公共服务领域推广政府和社会资本合作模式指导意见的通知》（国办发〔2015〕42 号）、《关于联合公布第三批政府和社会资本合作示范项目　加快推动示范项目建设的通知》（财金〔2016〕91 号）、《国土资源部办公厅关于印发〈产业用地政策实施工作指引〉的通知》（国土资厅发〔2016〕38 号）、《关于组织开展第四批政府和社会资本合作示范项目申报筛选工作的通知》（财金〔2017〕76 号）、《关于公布第四批政府与社会资本合作示范项目名单的通知》（财金〔2018〕8 号）等。

上述政策文件是由不同的政府部门单独或联合制定的，或多或少都涉及 PPP 项目的用地问题。由于这些政策文件多出自不同政府部门，侧重点各异，对 PPP 项目用地的规定也不尽相同，在一定程度上造成 PPP 项目用地政策零散而不系统，时常出现项目各参与方（实施机构、社会资本方、金融机构等）难以把握 PPP 项目用地政策要点，耽搁项目落地进程等问题。

因此，有必要对现行 PPP 项目用地政策进行全面梳理和系统研究，并为规范和促进 PPP 市场发展提出有针对性的政策建议。

# 一、PPP 项目用地法律法规政策情况

在我国，对土地实行的基本制度、法律和政策主要包括：土地的社会主义公有制、国有土地有偿使用制度（依法划拨国有土地使用权的除外）、土地用途管制制度，以及"十分珍惜、合理利用土地和切实保护耕地"的基本国策等。PPP 项目用地除了要遵循上述基本制度、法律和政策外，还要遵守专门的土地政策法规。自 2014 年全面推广 PPP 模式以来，国家层面出台的、与 PPP 有关的用地政策多达数十项。一方面，这些政策的颁布实施对推动 PPP 市场健康有序发展起到了十分重要的作用；另一方面，也存在某些政策过于简单，甚至是"一刀切"的做法，没有考虑到不同行业、不同性质 PPP 项目的差别，影响了社会资本的积极性和具体项目的落地速度。除了国家层级的 PPP 项目用地政策外，各级地方政府也制定了相应的 PPP 项目用地政策。由于多数情况下地方性 PPP 用地政策都执行了中央政策精神，所以，本章节主要对国家层面制定的 PPP 项目用地政策进行梳理与分析，同时兼顾对地方性 PPP 用地政策的研究。

（一）PPP 项目用地法律法规政策梳理

2014 年以来，国家层面颁布的与 PPP 项目相关的用地政策主要分为以下四大类。

1. 普适性的土地政策

为了贯彻落实党中央关于创新、协调、绿色、开放、共享的新发展理念，以及生态文明建设、国土空间开发等方面的新精神、新要求，国家土地主管部门加强了土地利用总体规划、年度计划管理等方面法规政策的制定与完善工作，完善了土地利用计划指标的下达程序，创新了土地计划差别化的管理方式，并强化了土地计划执行的监督考核。依据现行政策要求：任何土地利用开发活动必须符合土地利用总体规划确定的土地用途，不得突破土地利用总体规划确定的用地规模和总体布局安排，土地开发交易行为必须受到土地利用总体规划的刚性约束；严格控制超大城市、特大城市用地规模，合理安排大中小城市用地；合理调整产业用地结构，保障水利、交通、能源、通信、

国防等重点基础设施用地；全面实行城镇建设用地增加与农村建设用地减少相挂钩的政策等。

近几年来颁布的土地利用与建设用地管理类政策主要包括：《土地利用年度计划管理办法》（国土资源部令2016年第66号）、《国土资源部关于印发全国土地利用总体规划纲要（2006—2020年）调整方案的通知》（国土资发〔2016〕67号）、《土地利用总体规划管理办法》（国土资源部令2017年第72号）、《国土资源部关于修改〈建设项目用地预审管理办法〉的决定》（国土资源部令2016年第68号）、《国土资源部关于修改〈建设用地审查报批管理办法〉的决定》（国土资源部令2016年第69号）、《国土资源部关于改进和优化建设项目用地预审和用地审查的通知》（国土资规〔2016〕16号）、《关于完善建设用地使用权转让、出租、抵押二级市场的试点方案》（国土资发〔2017〕12号）等。

2. 少数特定领域建设项目的综合用地政策

目前，铁路是少数获得国家政策支持，可将项目与毗邻相关土地进行"捆绑"开发的领域，目的是提高铁路建设项目综合收益率，吸引社会资本参与铁路等领域的投资融资活动，实现铁路建设与新型城镇化进程的有机结合。根据国办发〔2014〕37号文规定：①鼓励盘活现有铁路用地推动土地综合开发。支持铁路运输企业利用自有土地、平等协商收购相邻土地、依法取得政府供应土地或与其他市场主体合作，对既有铁路站场地区进行综合开发；②鼓励新建铁路站场实施土地综合开发。新建铁路项目未确定投资主体的，可在项目招标时，将土地综合开发权一并招标，新建铁路项目中标人同时取得土地综合开发权。新建铁路项目已确定投资主体但未确定土地综合开发权的，综合开发用地采用招标拍卖挂牌方式供应，并将统一联建的铁路站场、线路工程及相关规划条件、铁路建设要求作为取得土地的前提条件。

除了一般铁路项目可以依据有关政策进行土地综合开发外，依据国发〔2014〕60号文精神，可以"按照'多式衔接、立体开发、功能融合、节约集约'的原则，对城市轨道交通站点周边、车辆段上盖进行土地综合开发，吸引社会资本参与城市轨道交通建设"。

3. 保障性用地政策

为了鼓励和吸引社会资本参与PPP项目，国家发改、财政、农业等部门各自相继提出了一些保障性用地政策。

首先，配置经营性用地。如，根据发改投资〔2014〕2724号文的规定，政府方可以"依法依规为准经营性、非经营性项目配置土地、物业、广告等经营资源，为稳定投资回报、吸引社会投资创造条件"。其次，保障项目用地供应。国家发改委、农业部在《关于推进农业领域政府与社会资本合作的指导意见》（发改农经〔2016〕2574号）中提出："加强耕地的保护与利用，各地要在土地利用总体规划中统筹考虑项目建设需要。鼓励社会资本通过整理复垦增加耕地面积，落实耕地占补平衡，合理安排项目建设用地供给。"财政部、农业部在《关于深入推进农业领域政府与社会资本合作的实施意见》（财经〔2017〕50号）中规定："各地农业部门、财政部门要积极协调相关土地部门，在保障耕地占补平衡的基础上，在当地土地使用中长期规划中全面考虑农业PPP项目建设需求，并给予优先倾斜，为项目用地提供有效保障。"

4. 用地"负面清单"制度

在各部门出台的有关PPP项目用地的政策中，有两个十分重要且涉及PPP项目用地细节的政策文件，值得仔细研究和分析。

其一，2016年10月11日，由财政部等20个部委联合发布的财金〔2016〕91号文。此文规定：PPP项目用地应当符合土地利用总体规划和年度计划，依法办理建设用地审批手续。在实施建设用地供应时，不得直接以PPP项目为单位打包或成片供应土地，应当依据区域控制性详细规划确定的各宗地范围、用途和规划建设条件，分别确定各宗地的供应方式。具体包括：①符合《划拨用地目录》的，可以划拨方式供应；②不符合《划拨用地目录》的，除公共租赁住房和政府投资建设不以赢利为目的、具有公益性质的农产品批发市场用地可以作价出资方式供应外，其余土地均应以出让或租赁方式供应，及时足额收取土地有偿使用收入；③依法需要以招标拍卖挂牌方式供应土地使用权的宗地或地块，在市、县国土资源主管部门编制供地方案、签订宗地出让（出租）合同、开展用地供后监管的前提下，可将通过竞争方式确定项目投资方和用地者两个环节合并实施。

PPP项目主体或其他社会资本，除通过规范的土地市场取得合法土地权以外，在涉地问题上还要遵循以下负面清单制度：不得违规取得未供应的土地使用权或变相取得土地收益，不得作为项目主体参与土地收储和前期开发等工作，不得借未供应的土地进行融资；PPP项目的资金来源与未来收益及清偿责任不得与土地出让收入挂钩。此外，在项目供地时，"不得直接以PPP项目为单位打包或成片供应土地"。以上可称为PPP项目用地上的"五个"不得行为。

分析可知，财金〔2016〕91号文是从有关土地的供应与获取两个角度来对PPP项目涉地问题进行规范的，即政府方供地时要于法有据，而社会资本方在获取土地时，也需依法依规。实际上，与其说财金〔2016〕91号文是涉及PPP项目用地的专门性文件，不如说主要是对既有用地政策要求的重申，只是财金〔2016〕91号文在有关PPP用地问题上比其他同类文件着墨更多。值得一提的是，该文的创新之处在于提出可将PPP项目社会资本方的采购环节与相应土地的招拍挂过程合并实施，即所谓的"两标并一标"。

其二，2016年10月28日，国土资源部发布国土资厅发〔2016〕38号文，根据文件规定，存在下列情形的，可将通过竞争方式确定项目投资主体和用地者的环节合并实施：①采用政府和社会资本合作方式实施项目建设时，相关用地需要有偿使用的；②通过招标方式确定新建铁路项目投资主体和土地综合开发权中标人的；③政府将收回和征收的历史遗留损毁土地复垦并用于旅游项目建设的。同时，国土资厅〔2016〕38号文还要求，以合并竞争方式确定项目投资主体和用地者的，市、县国土资源主管部门应依法独立履行编制供地方案、签订供应合同和实施用地供后监管等法定职责。

从时间上看，财金〔2016〕91号文与国土资厅发〔2016〕38号文这两个部委文件均是在2016年10月出台的；从两者公布的先后顺序来看，显然国土资厅发〔2016〕38号文是对财金〔2016〕91号文中有关项目用地政策的再次确认，并以国土资源部门规章的形式专门予以明确。

(二) PPP项目用地相关规定的主要内容

1. PPP项目用地供应方式分类

自2014年全面推广应用PPP模式以来，各部委在出台有关支持PPP模式发展的政策时，凡涉及项目用地事项基本上都与国家现行土地制度保持了一致性，这在由财政部等20个部委共同发布的财金〔2016〕91号文中体现得尤为明确。因此，可依据该文的规定，将PPP项目用地的供应方式划分为无偿和有偿两大类。其中，无偿方式即以划拨的形式供应建设用地，有偿方式又包含招拍挂出让、协议出让、租赁、作价入股等四种具体用地供应方式。

2. PPP项目用地的具体供应方式及其使用权获取途径

我国实行土地的社会主义公有制，即全民所有制和劳动群众集体所有制，土地所有权归国家和集体所有，不可转让。土地使用权可以依法转让。

土地采用三级分类体系。其中，一级类设3个，包括农用地、建设用地、未利用地；二级类设15个，包括耕地、园地、林地、牧草地等农用地，商服、工矿仓储、公用设施、公共建筑、住宅、特殊用地、交通用地、水利建设用地等建设用地，以及有关未利用地；三级类设71个，主要自二级地类基础上调整、归并、增设而来。

根据相关PPP项目用地支持政策，在公共服务领域应大力推广政府和社会资本合作（PPP）模式，并可实行多样化土地供应，采取多种方式保障项目建设用地。PPP项目大部分为建设项目，根据我国土地用途管制制度要求，一般只能使用建设用地，也有一小部分项目涉及农用地。因此，使用其他类型用地必须办理相关审批手续，同时项目实施过程中可能出现农用地转化为建设用地等情况。本书研究的对象主要是国有建设用地和农用地。

我国国有土地使用权的使用，可分为"无偿划拨"和"有偿使用"两类。"无偿划拨"，指的是政府土地管理部门直接划拨土地使用权且不收取土地使用权费用。根据土地管理法实施条例（2014年修订）第29条，国有土地有偿使用的方式包括：国有土地使用权出让、国有土地租赁、国有土地使用权作价出资或者入股。

——国有建设用地。根据物权法规定，设立建设用地使用权的土地，可以采取出让或者划拨等方式。具体到PPP项目中，用地的使用权获取方式一般包括划拨、出让、租赁、作价入股等四种。PPP项目获取土地使用权的上述四种方式均不存在法律障碍，可以根据实际情况灵活使用。其中，出让是目前我国供应国有用地的最主要方式，划拨、租赁和作价入股则作为补充，划拨方式为无偿获取，其他方式为有偿获取。PPP项目用地符合划拨用地条件的，可以通过划拨方式取得土地使用权，而划拨土地使用权如果转让、出租及抵押的，在符合相关条件的前提下，经市、县人民政府土地管理部门批准，并办理出让手续及交付土地使用权出让金后方可进行。依法批准可以抵押的建成项目，土地使用权性质不变，待合同经营期满后，连同公共设施一并移交政府；实现抵押权后改变项目性质，以有偿方式取得土地使用权的，应依法办理土地有偿使用手续。

——农用地。根据土地管理法有关要求，我国农村和城市郊区的土地（除法律规定属于国家所有的以外），宅基地和自留地、自留山均属于农民集体所有，土地使用上实行用途管制、有偿使用、耕地保护、建设用地审批等制度。PPP项目用地符合划拨用地条件的，可以通过划拨方式取得土地使用权，而划拨土地使用权如果转让、出租及抵押的，在符合相关条件的前提下，经市、县人民政府土地管理部门批准，并办理出让手续及交付土地使用权出让金后方可进行。农村土地供应方式与城市建设用地相同，即以招拍挂和协议出让方式为主，租赁为补充。

PPP项目用地相关规范政策要求：①严禁将储备土地用于前期开发，农田水利等建设工程作为政府购买服务项目；②PPP项目主体或其他社会资本，除通过规范的土地市场取得合法土地权益外，不得违规取得未供应的土地使用权或变相取得土地收益，不得作为项目主体参与土地收储和前期开发等工作，不得借未供应的土地进行融资；③PPP项目的资金来源与未来收益及清偿责任，不得与土地出让收入挂钩；④土地收储和前期开发的相关工作应由土储部门承担，前期开发中的基建工作须通过公开招标的方式选择有资质的第三方单位进行。

(1) 划拨

当前，划拨建设用地是PPP项目最常见的供地方式。根据《划拨用地目录》（国土资源部令2001年第9号）的规定："对国家重点扶持的能源、交通、水利等基础设施用地项目，可以划拨方式供应土地使用权，对以营利为目的，非国家重点扶持的能源、交通、水利等基础设施用地项目应当以有偿方式提供土地使用权，同一地块有两个或两个以上意向用地者的，市、县人民政府国土资源行政主管部门应当采取招标、拍卖或挂牌方式出让。"

随着《划拨用地目录》的修订，划拨用地范围会逐步缩小。为解决当前政府配置资源中存在的市场价格扭曲、配置效率较低、公共服务供给不足等突出问题，国家正从广度和深度上推进市场化改革，大幅度减少政府对资源的直接配置，创新配置方式，更多引入市场机制和市场化手段，提高资源配置的效率和效益。根据2017年1月11日中共中央办公厅、国务院办公厅印发的《关于创新政府配置资源方式的指导意见》精神，对于适宜由市场配置的公共资源，要充分发挥市场机制作用，切实遵循价值规律，建立市场竞争优胜劣汰机制，实现资源配置效益最大化和效率最优化。对于不完全适宜由市场化配置的公共资源，要引入竞争规则，充分体现政府配置资源的引导作用，实现政府与市场作用有效结合。对于需要通过行政方式配置的公共资源，要遵循规律，注重运用市场机制，实现更有效率的公平性和均等化。通过创新公共资源配置方式，促进经济社会持续健康发展。由此，作为公共资源的土地，在利用上将会逐渐提高市场化配置的比重，即使是需要以行政方式配置的土地，也应注重市场手段的运用。

实际上，为了推动土地资源市场化配置进程，扩大土地使用权的出让、转让、出租、担保、入股等权能，国土资源主管部门已经制定和实施了一系列的措施。如《关于扩大国有土地有偿使用范围的意见》（国土资规〔2016〕20号）规定："对可以使用划拨土地的能源、环境保护、保障性安居工程、养老、教育、文化、体育及供水、燃气供应、供热设施等项目，除可按划拨方式供应土地外，鼓励以出让、租赁方式供应土地，支持市、县政府以国有建设用地使用权作价出资或者入股的方式提供土地，与社会资本共同投资建设。"

划拨方式受到相关法律的严格限制。对符合划拨用地目录的项目，可按划拨方式供地，划拨土地不得改变土地用途。

第一,适用范围。根据土地管理法第五十四条规定,建设单位使用国有土地,应当以出让等有偿使用方式取得。但是,下列建设用地,经县级以上人民政府依法批准,可以以划拨方式取得:①国家机关用地和军事用地;②城市基础设施用地和公益事业用地;③国家重点扶持的能源、交通、水利等基础设施用地;④法律、行政法规规定的其他用地。

PPP项目用地,可适用于上述②和③的建设用地。

另外,2001年10月国土资源部颁布的《划拨用地目录》中明确规定了可划拨的用地类型。将财政部PPP中心对PPP项目划分的19类一级行业、101类二级行业,比对《划拨用地目录》中可采用划拨形式供地的项目类型(表2-1),扣除综合类用地项目后剩余的79类二级行业中,《划拨用地目录》中明确提及可以划拨的共有63个行业,占比约79.7%。

表2-1 PPP行业分类与《划拨用地目录》对比表

| PPP行业分类 | | 是否划拨用地 | PPP行业分类 | | 是否划拨用地 |
|---|---|---|---|---|---|
| 一级 | 二级 | | 一级 | 二级 | |
| 能源 | 煤电 | √ | 城镇综合开发 | 园区开发 | ※ |
| | 风电 | √ | | 城镇化建设 | ※ |
| | 水电 | √ | | 土地储备 | ※ |
| | 光电 | √ | | 厂房建设 | — |
| | 垃圾发电 | √ | | 其他 | ※ |
| | 充电桩 | √ | 农业 | 粮油物资储备 | — |
| | 生物质能 | — | | 农村建设 | |
| | 能源储备 | — | | 农产品交易中心 | — |
| | 其他 | ※ | | 其他 | ※ |
| 交通运输 | 高速公路 | √ | 林业 | | |
| | 一级公路 | √ | 科技 | 智慧城市 | √ |
| | 二级公路 | √ | | 信息网络建设 | √ |
| | 铁路(不含轨道交通) | √ | | 其他 | ※ |
| | 航道航运 | √ | 保障性安居工程 | 保障性住房 | √ |
| | 交通枢纽 | √ | | 棚户区改造 | |
| | 港口码头 | √ | | 农村危房改造 | |
| | 机场 | √ | | 游牧民安居工程 | |

续表

| PPP 行业分类 | | 是否划拨用地 | PPP 行业分类 | | 是否划拨用地 |
| --- | --- | --- | --- | --- | --- |
| 一级 | 二级 | | 一级 | 二级 | |
| 交通运输 | 隧道 | √ | 保障性安居工程 | 其他 | ※ |
| | 桥梁 | √ | 旅游 | 生态旅游 | ※ |
| | 仓储物流 | — | | 文化旅游 | ※ |
| | 其他 | ※ | | 农业旅游 | ※ |
| 水利建设 | 水库 | √ | | 观光旅游 | ※ |
| | 防洪 | √ | | 旅游配套设施 | ※ |
| | 灌溉 | √ | | 其他 | — |
| | 引水 | √ | 医疗卫生 | 医院 | √ |
| | 水利枢纽 | √ | | 社区卫生机构 | √ |
| | 其他 | ※ | | 公共卫生机构 | √ |
| 市政工程 | 供水 | √ | | 乡镇卫生所 | √ |
| | 排水 | √ | | 其他 | ※ |
| | 供电 | √ | 养老 | 养老业 | √ |
| | 供气 | √ | | 老年公寓 | √ |
| | 供热 | √ | | 医养结合 | √ |
| | 供冷 | — | | 其他 | ※ |
| | 公园 | √ | 教育 | 学前教育 | √ |
| | 停车场（公共交通） | √ | | 义务教育 | √ |
| | 广场 | √ | | 普通高中 | √ |
| | 绿化 | √ | | 普通高校 | √ |
| | 海绵城市 | √ | | 职业教育 | √ |
| | 地下综合管廊 | √ | | 其他 | ※ |
| | 垃圾处理（除垃圾发电） | √ | 文化 | 文化场馆 | √ |
| | 市政道路 | √ | | 古城保护 | — |
| | 公交 | √ | | 文物保护 | — |
| | 污水处理 | √ | | 其他 | ※ |
| | 轨道交通 | √ | 体育 | | √ |

续表

| PPP 行业分类 | | 是否划拨用地 | PPP 行业分类 | | 是否划拨用地 |
| --- | --- | --- | --- | --- | --- |
| 一级 | 二级 | | 一级 | 二级 | |
| 市政工程 | 其他 | ※ | 政府基础设施 | 党政办公场所建设 | √ |
| 社会保障 | 就业服务机构 | √ | | 公共安全部门场所建设 | √ |
| | 社会福利机构 | √ | | 培训中心 | — |
| | 残疾人事业服务机构 | √ | 生态建设和环境保护 | 综合整治 | √ |
| | 社会救助机构 | √ | | 湿地保护 | √ |
| | 殡葬服务 | √ | | 其他 | ※ |
| 其他 | | ※ | | | |

注:"√"为可划拨用地;"—"为《划拨用地目录》中未提及;"※"为综合类项目

第二,适用要求。社会实践中,划拨土地往往被认为具有"三无"特征,即"无偿取得、无期限、无流动",但根据相关法律法规,这个表述并不准确,具体如下:①费用方面。由于划拨土地的用途具有典型的社会公益性,因此以"无偿"为主要方式,"有偿"方式也只需支付少量的土地补偿费和安置补助费,远比"出让"时的出让金少(依据土地管理法、城市房地产管理法相关条款)。②期限方面。以划拨方式取得土地使用权的,除法律、行政法规另有规定外,没有使用期限的限制(依据城市房地产管理法第22条2款)。③流动方面。划拨土地使用权受到严格限制,除特定情况外,不得转让、出租、抵押(依据城镇国有土地使用权出让和转让暂行条例第44~47条)。

第三,注意事项。应用"划拨"获取土地使用权,虽然有"无偿"的好处,但也应对潜在影响进行充分考虑:一是土地使用权变更登记对企业现金流可能存在较大影响。历史划拨土地因不允许抵押而无法用于抵押贷款,若确有需要且经相关政府部门审批同意,则必须按有关规定缴纳足额土地出让金,所以应充分考虑缴纳出让金对企业或项目现金流的影响。二是土地使用权变更难度大、周期长,资产价值存在一定市场风险。由于划拨方式对转让、抵押等有非常严格的限制,项目在前期评估是否采用"划拨"时,应充分考虑划拨地的实际市场价值和变现可能性,避免出现因审批过程较长而导致的折价等市场风险。

(2)出让

指国有建设用地的使用权出让。根据我国现行物权法规定,工业、商业、旅游、娱乐和商品住宅等经营性用地以及同一土地有两个以上意向用地者的,应当采取招标、拍卖等公开竞价的方式出让。

第一，出让方式。出让的方式，包括招标出让、拍卖出让、挂牌出让与协议出让四种。其中，招标、拍卖和挂牌统称为"招拍挂"，属于公开竞标，是最主要的出让方式，而协议出让是较少采用的出让方式。

——"招拍挂"出让。根据2007年9月国土资源部《招标拍卖挂牌出让国有建设用地使用权规定》，工业、商业、旅游、娱乐和商品住宅等经营性用地以及同一宗地有两个以上意向用地者的，应当以招标、拍卖或者挂牌方式出让。其中，工业用地包括仓储用地，但不包括采矿用地。

——协议出让。协议出让是对"招拍挂"的补充。根据国土资源部《协议出让国有土地使用权规定》（2003年）和《协议出让国有土地使用权规范》（国土资发〔2006〕114号），协议出让国有土地使用权，是指国家以协议方式将国有土地使用权在一定年限内出让给土地使用者，由土地使用者向国家支付土地使用权出让金的行为，适用于"供应商业、旅游、娱乐和商品住宅等各类经营性用地以外用途的土地，其供地计划公布后同一宗地只有一个意向用地者"的情况。协议出让有最低价限制性规定，低于最低价时国有土地使用权不得出让。最低价不得低于新增建设用地的土地有偿使用费、征地（拆迁）补偿费用以及按照国家规定应当缴纳的有关税费之和。有基准地价的地区，协议出让最低价不得低于出让地块所在级别基准地价的70%。

第二，适用前提。根据我国《土地储备管理办法》，只有正式进入土地储备的土地，才能进行"出让"。土地储备是指县级（含）以上国土资源主管部门为调控土地市场、促进土地资源合理利用，依法取得土地，组织前期开发，完成拆迁、平整和基础设施建设，将"生地"变为"熟地"后，将其纳入"土地储备库"储存，以备供应土地的行为。

土地储备的基本流程是：征购、储备、供地。具体内容包括：①征购，即土地储备机构取得土地的过程。土地来源主要为两个，一是新增城市用地征用，二是存量城市土地的收购、置换、回收。在收购的过程中，土地储备机构对收储地块实地踏查，进行收储成本核算，并根据协议支付征地补偿款。②储备，即土地储备机构将收购集中起来的土地进行开发和再开发，通过拆迁、平整、归并整理和基础设施的配套建设（又称为"一级开发"），形成可供出让和出租的"熟地"。土地储备机构将已完成开发的"熟地"进行储备，等待出让。在该过程中，由土地储备机构作为实施主体，通过授权委托或公开招标的方式选定实施企业。③供地，即出让、租赁等土地供应行为。土地储备机构根据社会发展、城市规划和供地计划，有计划地将储备土地出让和出租，获取收入，在出让方式上一般采用市场化程度较高的招拍挂方式。

在当前我国，PPP项目主体不得参与土地出让之前的土地开发和收储环节。财金〔2016〕91号文明确规定，"PPP项目主体或其他社会资本，除通过规范的土地市场取得合法土地权益外，不得违规取得未供应的土地使用权或变相取得土地收益，不得作为项目主体参与土地收储和前期开发等工作，不得借未供应的土地进行融资，PPP项目的资金来源与未来收益及清偿责任不得与土地出让收入挂钩"。

第三，土地招拍挂与PPP社会资本竞争采购环节合并中存在的问题与解决思路。对于经营性和准经营性PPP项目，客观上由于租赁和作价出资入股方式适用的局限性，通过竞争出让方式取得项目用地是其主要选择。然而，长期以来，土地竞争出让与PPP社会资本竞争采购适用的是不同的流程及管理规定，流程之间的差异客观上对于两大竞争环节的合并形成了实施障碍。为此，财政部、国家发改委于2016年10月分别出台相关政策对这一问题的解决给予了支持，允许土地招拍挂与PPP社会资本竞争采购环节合并同步执行。如财金〔2016〕91号文要求，"依法需要以招标拍卖挂牌方式供应土地使用权的宗地或地块，在市、县国土资源主管部门编制供地方案、签订宗地出让（出租）合同、开展用地供后监管的前提下，可将通过竞争方式确定项目投资方和用地者的环节合并实施"。发改投资〔2016〕2231号文也指出，"各地要积极创造条件，采用多种方式保障PPP项目建设用地。如果项目建设用地涉及土地招拍挂，鼓励相关工作与社会资本方招标、评标等工作同时开展"。国土资厅发〔2016〕38号文同样规定，"采用政府和社会资本合作方式实施项目建设时，相关用地需要有偿使用的，可将通过竞争方式确定项目投资主体和用地者的环节合并实施"。

因此，采用招标方式出让国有建设用地使用权并采用招标方式完成PPP社会资本的采购，在当前土地招拍挂制度和PPP社会资本采购制度下存在合并实施的操作空间。然而，由于具体指导细则的缺失以及两套制度在管理模式方面的差异，实践中可能仍然存在一些问题有待今后解决。

（3）租赁与作价入股方式

依据《关于扩大国有土地有偿使用范围的意见》（国土资规〔2016〕20号）的规定："对可以使用划拨土地的能源、环境保护、保障性安居工程、养老、教育、文化、体育及供水、燃气供应、供热设施等项目，除可按划拨方式供应土地外，鼓励以出让、租赁方式供应土地，支持市、县政府以国有建设用地使用权作价出资或者入股的方式提供土地，与社会资本共同投资建设。"《中共中央办公厅　国务院办公厅印发〈关于创新政府配置资源方式的指导意见〉》（2017年1月11日）指出："坚持资源公有、物权法定，明确全部国土空间各类自然资源资产的产权主体……，明确自然资源所有权、使用权等产权归属关系和权责，适度扩大使用权的出让、转让、出租、担保、入股等权能。"

对于PPP项目，可以作价入股方式供地的领域有三类：公共租赁住房、公益性农产品批发市场，以及养老服务项目等，具体政策精神如下：①财金〔2016〕91号文规定："不符合《划拨用地目录》的，除公共租赁住房和政府投资建设不以营利为目的、具有公益性质的农产品批发市场用地可以作价出资方式供应外，其余土地均应以出让或租赁方式供应。"②《关于全面放开养老服务市场提升养老服务质量的若干意见》（国办发〔2016〕91号）规定："对在养老服务领域采取政府和社会资本合作（PPP）方式的项目，可以国有建设用地使用权作价出资或者入股建设。"

需要注意的是，在各种土地供应方式中，作价出资或入股方式的使用还需要有专门的政策规定，而并不是一个可无条件普遍使用的供地方式。随着PPP市场的规范发展，采用作价入股方式提供项目用地的范围应该也会相应扩大。

——租赁。依据《国土资源部关于印发〈规范国有土地租赁若干意见〉的通知》（国土资发〔1999〕222号），"国有土地租赁是指国家将国有土地出租给使用者使用，由使用者与县级以上人民政府土地行政主管部门签订一定年期的土地租赁合同，并支付租金的行为。国有土地租赁是国有土地有偿使用的一种形式，是出让方式的补充"。国有土地租赁，可以采用招标、拍卖或者双方协议的方式。

第一，适用范围。根据相关规定，我国重点推行的建设用地使用权获取方式仍是"出让"，以租赁方式取得土地使用权的，租金收入参照土地出让收入纳入政府性基金预算管理。因此，一般而言，"租赁"仅适用于新增建设用地中不符合"划拨"用地目录且不适合采用"出让"的项目。

第二，适用要求。租金标准：国有土地租赁的租金标准应与地价标准相均衡，租金按照全额地价折算，承租人如取得土地使用权时支付了征地、拆迁等土地费用的，租金标准应按扣除有关费用后的地价余额折算。租赁期限：国有土地租赁可以根据具体情况实行短期租赁和长期租赁，短期租赁年限一般不超过5年，长期租赁不得高于同类用途土地出让最高年期。转租转让抵押要求：经土地行政主管部门同意或根据租赁合同约定，可将承租土地使用权转租、转让或抵押并必须依法登记。

——作价入股。国有土地使用权作价入股，是指国家将一定年期的国有土地使用权作价，作为出资投入股份有限公司或有限责任公司，土地资产计作国家资本金或界定为国家股股本金。财政部《关于运用政府和社会资本合作模式推进公共租赁住房投资建设和运营管理的通知》（财综〔2015〕15号）提出，政府可以土地作价入股方式注入项目公司，支持公共租赁住房政府和社会资本合作项目，不参与公共租赁住房经营期间收益分享，但拥有对资产的处置收益权。根据《关于改革土地估价结果确认和土地资产处置审批办法的通知》（国土资发〔2001〕44号）规定，对于省级以上人民政府批准实行授权经营或国家控股公司试点的企业，方可采用授权经营或国家作价出资（入股）方式配置土地。其中，经国务院批准改制的企业，土地资产处置方案应报国土资源部审批，其他企业的土地资产处置方案应报土地所在的省级土地行政主管部门审批。

农村土地经营权入股（简称"农地入股"），是指农民将土地经营权作为生产资本的一种，转化为平台企业的股权，从而实现享受规模化农业生产经营效益的目的。2015年初，农业部决定在江苏武进、山东青州等7个地区开展农村土地经营权入股农业产业化经营试点，取得了良好的阶段性试点成果。农地入股是农村土地经营权资本化进程中至关重要的基础，是农村土地经营权抵押贷款、农地信托等诸多农地经营权资本化形式的重要基础。值得关注的是，农地入股这一流转方式尽管在农村土地承包法中的土地承包经营权流转方式中被提及，但是并没有对这一方式进行明确界定。

目前，作价入股还只是土地使用权供应的补充方式。有专家建议，作价入股应该成为PPP项目中主要的土地取得方式。

### （三）PPP项目用地法律法规政策现状分析

1. 零散而不系统

建立健全PPP项目用地制度本身对推动PPP规范发展有重大意义。自2014年我国全面推广PPP模式以来，国务院及其部门相继出台了众多支持PPP发展的规范性文件。行文虽多，但在PPP项目用地的问题上，出台的相关政策还都缺少系统性。涉及PPP项目用地政策的内容散见于各个部门或同一部门不同的文件之中，零散而不系统。同时，PPP项目涉地政策也缺少针对性，对不同类型项目如何迅速获得用地造成了困扰，继而对PPP的规范发展形成了制约。

2. 缺少配套性的用地制度

在全面推广PPP模式以来，作为土地主管部门，国土资源部很少就PPP发文，原因之一可能是其认为现行的土地法规足以适应PPP模式实践的需求。直到2016年10月11日，在财政部等20个部委联合发布财金〔2016〕91号文时，国土资源部才首次就PPP项目用地问题做出了原则性规定，即所谓的五个"不得"行为。同年 10 月 28 日，在国土资源部发布的国土资厅发〔2016〕38 号文中，再次提及 PPP 项目用地问题，但并无新的政策规定，只是对财金〔2016〕91 号文涉及的相关内容做了进一步的重申。

财金〔2016〕91 号文除了要求 PPP 项目用地要遵循既有的土地制度外，还以"负面清单"的形式对 PPP 项目用地做了禁止性的规定。但对不同地区、不同领域、不同行业的 PPP 项目，社会资本方如何具体获得项目用地等问题，并无明示。

3. 缺乏差别化政策

无论是现行具有普适性的土地供应制度，还是近几年出台的有关 PPP 项目用地政策，都是针对单个项目用地而言的，缺少针对组合类项目用地的专门规定。组合类项目主要是指以打包方式采用 PPP 模式的项目，其用地在性质上，可能涉及国有建设用地、集体经营性建设用地、未利用地等；在用地种类上，可能涉及商业用地、产业用地、办公用地、住宅用地中的一种或多种组合。在组合项目中，每个子项目所对应的用地，在性质上和种类上可能完全不同。目前，实践中的片区类开发项目都属于组合性质的项目，如产业新城、特色小镇、田园综合体等项目。这些片区类 PPP 项目都涉及土地综合开发。在未来的土地综合开发中，以城市旧城区更新和以新型城镇化建设为主导的土地整治与综合开发是一个发展方向。

除了片区类组合项目外，还有一类就是以点、线带面的组合项目，如铁路、城市轨道交通与周边土地实施联动开发的项目。对于点、线带面项目涉及的土地如何供应，要么缺乏政策规定，要么相应规定缺少法律依据。此外，政府付费项目与使用者付费项目是两类不同回报机制的项目，在是否采取差别化用地政策这一点上也不清晰。

4. 配置土地缺少上位法的支持

在用地问题上，至今缺少针对 PPP 模式的专门性法规或制度。由于缺乏上位法的支持，致使某些部门出台的 PPP 用地政策在合法性上存疑。如根据《国家发展改革委关于开展政府和社会资本合作的指导意见》（发改投资〔2014〕2724 号）规定，政府方可"依法依规为准经营性、非经营性项目配置土地、物业、广告等经营资源，为稳定投资回报、吸引社会投资创造条件"。该文提到的为准经营性、非经营性项目配置土地的做法，按照现行的土地法律制度，可能难以找到依据。同时，"配置"经营性土地资源的具体方式和途径是什么？在发改投资〔2014〕2724 号文中也并没有进一步明确。对于经营性土地资源的"配置"，且不说是以无偿划拨形式实施，即使是以协议出让的方式实施，也会与有关法规政策相冲突。按现行土地制度，不仅商业性用地的供应需要走公开招拍挂程序，即使是 PPP 项目本身的用地，也不一定能以无偿划拨或协议出让的方式提供。

（四）PPP 项目土地供应环节的具体规定及相关用地政策走向

1. PPP 项目采购与土地供应环节可合并实施

PPP 项目采购与土地供应环节可合并实施，主要有以下三个政策文件作为操作依据。

《关于联合公布第三批政府和社会资本合作示范项目加快推动示范项目建设的通知》（财金〔2016〕91 号文）规定：依法需要以招标拍卖挂牌方式供应土地使用权的宗地或地块，在市、县国土资源主管部门编制供地方案、签订宗地出让（出租）合同、开展供地后监管的前提下，可将通过竞争方式确定项目投资方和用地者的环节合并实施。《产业用地政策实施工作指引》（国土资厅发〔2016〕38 号文）规定：采用政府和社会资本合作方式实施项目建设时，相关用地需要有偿使用的，可将通过竞争方式确定项目投资主体和用地者的环节合并实施。《传统基础设施领域实施政府和社会资本合作项目工作导则》（发改投资〔2016〕2231 号文）规定：各地要积极创造条件，采用多种方式保障 PPP 项目建设用地。如果项目建设用地涉及土地招拍挂，鼓励相关工作与社会资本方招标、评标等工作同时展开。

2. PPP 项目用地的禁止性规定

针对市场上曾经出现的利用 PPP 来实施土地一级开发，以及将社会资本投资回报与土地增值收益相挂钩等问题，财政部联合其他部委共同出台了相应的政策，明确了在项目用地上的五个"不得"行为及有关禁止性规定。财金〔2016〕91 号文规定："PPP 项目主体或其他社会资本，除通过规范的土地市场取得合法土地权益外，不得违规取得未供应的土地使用权或变相取得土地收益，不得作为项目主体参与土地收储和前期开发等工作；PPP 项目的资金来源与未来收益及清偿责任，不得与土地出让收入挂钩。"同时，财金〔2016〕91 号文还规定："在实施建设用地供应时，不得直接以 PPP 项目为单位打包或成片供应土地。"

3. 涉农 PPP 项目用地政策改革动向

近年来，农村集体土地制度改革正在加速，随着国家级、省级改革试点经验的积累，农村集体经营性建设用地入市指日可待，这将进一步为涉农领域 PPP 项目（如田园综合体、特色小镇等）用地打开方便之门。根据 2020 年 1 月 1 日施行的土地管理法（修订版）第六十三条之规定，"土地利用总体规划、城乡规划确定为工业、商业等经营性用途，并经依法登记的集体经营性建设用地,土地所有权人可以通过出让、出租等方式交由单位或个人使用,并应当签订书面合同,载明土地界址、面积、动工期限、使用期限、土地用途、规划条件和双方其他权利义务";"通过出让等方式取得的集体经营性建设用地使用权可以转让、互换、出资、赠与或者抵押"。

## 二、PPP项目相关土地融资政策变化过程

PPP项目土地融资的实践,与我国土地储备制度的发展、地方融资平台的发展紧密相关,已历经了四个主要阶段。

(一)阶段一(2001—2007):确立土地储备机构可通过金融机构融资

2001年,城市经营性用地被纳入市场轨道,政府对城市存量土地试行储备收购。国务院发布《关于加强国有土地资产管理的通知》(国发〔2001〕15号)首次提出,为增强政府对土地市场的调控能力,有条件的地方政府要对建设用地试行收购储备制度,并禁止以协议方式出让经营性用地,将城市的经营性用地纳入市场轨道。随后,国土资源部发布《关于整顿和规范土地市场秩序的通知》(国土资发〔2001〕174号),提出地方政府要对城市存量土地试行储备收购的要求。

2007年,国家允许土地储备机构向金融机构贷款。《土地储备资金财务管理暂行办法》(财综〔2007〕17号)提出,土地储备机构可以按照国家有关规定举借银行贷款及其他金融机构贷款。同年,《土地储备管理办法》(国土资发〔2007〕277号)发布,明确土地储备机构向银行等金融机构申请的贷款应为担保贷款,其中抵押贷款必须具有合法的土地使用证。

(二)阶段二(2008—2013):密集规范土地融资行为

自2008年起,各类城市建设投资企业更多地承担了地方政府以投资基础设施建设的方式来拉动经济增长的重要职责,出于政府投融资的需要,绝大部分建设用地被划拨、出让、租赁给城投企业。自此,土地融资的主体大部分为城投企业或地方融资平台,土地融资成为城投企业融资的重要手段。

城投企业的土地融资方式主要包括:①城投企业获得地方政府大量的土地注入(包括熟地、生地和公益性土地等),以土地资产向银行等金融机构抵押贷款;②部分地区的土地储备机构利用储备土地融资并将资金转移至城投

企业，将用于储备项目的资金用于其他用途，如基建、保障房建设等；③城投企业承担土地储备职能，直接作为土地储备主体，以政府注入的储备土地抵押贷款。总之，城投企业和土地储备机构职能上有所重叠、分工不明确，城投企业以土地进行大量融资，导致地方政府性债务快速攀升。因此，从2008年开始，国家出台了大量规范地方政府平台公司土地融资行为的文件。

2008年8月，中国银监会办公厅发布《关于加强信托公司房地产、证券业务监管有关问题的通知》（银监办发〔2008〕265号），要求信托机构应充分认识土地储备贷款风险，审慎发放此类贷款，并明确规定贷款额度不得超过所收购土地评估值的70%，贷款期限最长不得超过两年。

为遏制地方债务规模快速膨胀，自2010年起国家密集发布各项政策文件，一方面禁止将公益性资产（包括学校、医院、公园、广场、市政道路、水利设施等）和储备土地资产注入城投企业，从而规范地方政府将土地注入城投企业的行为；另一方面规范土地融资行为，如建立土地储备名录、加强土地储备前期开发管理、严格控制平台贷款的流向，通过加强对土地储备机构、业务和资金的管理，逐步厘清城投企业和土地储备机构的关系。

2010年2月，中国银监会发布《关于加强信托公司房地产信托业务监管有关问题的通知》（银监办发〔2010〕54号），规定信托公司不得以信托资金发放土地储备贷款，实际上暂时叫停了信托公司对土地储备机构提供融资。

2010年6月，国务院《关于加强地方政府融资平台公司管理有关问题的通知》（国发〔2010〕19号）和2010年8月《关于贯彻国务院关于加强地方政府融资平台公司管理有关问题的通知相关事项的通知》（财预〔2010〕412号），禁止学校、医院、公园等公益性资产作为资本注入融资平台公司。

2012年11月，国土资源部发布《关于加强土地储备与融资管理的通知》（国土资发〔2012〕162号），要求土地储备工作统一归口至国土资源主管部门，并建立土地储备机构名录，指出列入名录的土地储备机构可以向银行业金融机构贷款，贷款期限最长不超过五年。

2012年12月，财政部发布《关于制止地方政府违法违规融资行为的通知》（财预〔2012〕463号），要求地方各级政府不得将储备土地作为资产注入融资平台公司，不得承诺将储备土地预期出让收入作为融资平台公司偿债资金来源。

2012年12月，中国银监会出台《加强2013年地方政府融资平台贷款风险监管的指导意见》（银监发〔2013〕10号），再次强调，各银行业金融机构遵循"总量控制、分类管理、区别对待、逐步化解"的原则，严格控制平台贷款投向，与土地融资相关的贷款投向应符合《关于加强土地储备与融资管理的通知》(国土资发〔2012〕162号)要求。

(三)阶段三(2014—2019):土地融资的规范化

2016年后,银行业新增土地储备贷款被叫停,土地储备所需资金被纳入政府性基金预算,可从国有土地收益基金等财政资金中获得,并可申请发行"土地储备专项债券"。

2014年9月,国务院发布国发〔2014〕43号文,严格规范地方政府融资,要求地方政府进一步规范土地出让管理,坚决制止违法违规出让土地及融资行为。

2016年2月,国土资源部、财政部、人民银行、银监会发布《规范土地储备和资金管理等相关问题的通知》(财综〔2016〕4号),宣布自2016年1月1日起,各地不得再向银行业金融机构举借土地储备贷款。土地储备机构新增土地储备项目所需资金,应当严格按照规定纳入政府性基金预算,从国有土地收益基金、土地出让收入和其他财政资金中统筹安排,不足部分在国家核定的债务限额内通过省级政府代发地方政府债券筹集资金解决。

2017年2月17日,上海证券交易所、深圳证券交易所分别对各自的市场参与人发布了《关于推进传统基础设施领域政府和社会资本合作(PPP)项目资产证券化业务的通知》(以下简称《通知》)。《通知》称,交易所成立PPP项目资产证券化工作小组,明确专人负责落实相应职责,对于符合条件的优质PPP项目资产证券化产品建立绿色通道,提升受理、评审和挂牌转让工作效率。

2017年4月25日,国家发改委印发《政府和社会资本合作(PPP)项目专项债券发行指引》(发改办财金〔2017〕730号),明确指出"PPP项目专项债券"是指由PPP项目公司或社会资本方发行,募集资金主要用于以特许经营购买服务等PPP形式开展项目建设、运营的企业债券,支持重点为:能源、交通运输、水利、环境保护、农业、林业、科技、保障性安居工程、医疗、卫生、养老、教育、文化等传统基础设施和公共服务领域的项目。

2017年6月1日,财政部、国土资源部联合印发《地方政府土地储备专项债券管理办法(试行)》(财预〔2017〕62号)。

2017年5月4日,中国保监会发布《关于保险资金投资政府和社会资本合作项目有关事项的通知》,支持保险资金通过基础设施投资计划,投资符合条件的PPP项目。保险资金参与PPP项目的主要模式包括:参股PPP项目公司,为PPP项目提供债权性资金、PPP产业基金等。

2017年6月7日,财政部、人民银行、证监会联合发布《关于规范开展政府和社会资本合作项目资产证券化有关事宜的通知》（财金〔2017〕55号），提出要分类别进行PPP+ABS（PPP项目资产证券化）推广，并在实施程序、监管方面都做出相应规范。

2017年7月3日，国家发改委下发《关于加快运用PPP模式盘活基础设施存量资产有关工作的通知》（发改投资〔2017〕1266号），要求积极推广PPP模式，加大存量资产盘活力度，形成良性投资循环，有利于拓宽基础设施建设资金来源，减轻地方政府债务负担。

（四）阶段四（2020年至今）：土地融资新趋向

在共同富裕的目标引领下，"房住不炒""住有所居"成为新时代地产行业的主旋律，"土地财政"转型已成为各地方政府无法回避的课题。因此，从宏观层面来看，土地融资遇到了前所未有的阻碍与困难。2021年7月，中国银保监会发布《银行保险机构进一步做好地方政府隐性债务风险防范化解工作的指导意见》（银保监发〔2021〕15号），被誉为史上对政府平台公司的最严管控。2021年一季度以后，除了存量项目以外，不再新增地方政府土地储备和棚户区改造专项债额度。一些地方政府只能借道"城市更新""央地合作"等新政开展融资，但从实际情况来看并不在全国范围内都适用，仍有很长一段路要走。

## 三、PPP项目所应用的土地政策情况

（一）保障性安居工程PPP项目应用土地政策情况

保障性安居工程，包括经济适用房、廉租房、限价商品房、公共租赁房、农村旧危房改造、棚户区改造等。

从土地供给角度看，保障性安居工程用地以划拨方式为主，如《经济适用住房管理办法》和《廉租住房保障办法》规定，经济适用住房建设用地和廉租住房建设用地实行行政划拨方式供应。同时，限价商品房可通过出让方式供应土地，在政府采取招标、拍卖、挂牌方式出让商品住房用地时，由建设单位通过公开竞争方式取得土地。此外，以某些方式投资的公共租赁住房，建设用地还可以采用出让、租赁或作价入股等方式有偿使用。

城市规划区范围内建设的廉租住房、经济适用住房应按照城市规划，综合考虑被保障人群的工作生活等实际情况，合理确定选址和地块，为其方便工作、生活、就医和就学创造有利条件。

城市规划区范围外建设的林区、垦区、矿区棚户区改造等原则上实行原

地改建，不扩大占地规模，人均建设用地标准不得突破当地规定。确需异地改建的，应按照土地利用总体规划，经充分论证后，可在土地供应计划中优先安排。异地改建中涉及新增建设用地的，应纳入土地利用计划，依法办理农用地转用审批手续；涉及占用耕地的，应依法履行耕地占补平衡义务。

农村危旧房改造应在符合乡镇土地利用总体规划和村庄规划的前提下，充分利用村庄原有建设用地，其用地不得突破当地规定的宅基地面积标准。涉及占用农用地的，要依法办理农用地转用审批手续；涉及占用耕地的，应依法履行耕地占补平衡义务。

保障性住房中的廉租房和经济适用房用地实行划拨供应，并按规定减免相关费用，但对于配套建设的商业、服务业等经营性设施用地，必须实行有偿使用，严格坚持以招标、拍卖、挂牌出让方式供地。对在城镇规划区外单独选址建设的保障性安居工程用地，不得征收新增建设用地有偿使用费。保障性安居工程涉及使用新增建设用地的，国土资源管理部门要主动服务，提前介入，早做安排，及时办理农用地转用和土地征收手续。

（二）文化产业类PPP项目应用土地政策情况

2018年12月，《国务院办公厅关于印发文化体制改革中经营性文化事业单位转制为企业和进一步支持文化企业发展两个规定的通知》（国办发〔2014〕15号）关于资产和土地处置问题中明确指出："经营性文化事业单位转制涉及的原划拨土地，转制后用途符合《划拨用地目录》的，可继续以划拨方式使用，不符合《划拨用地目录》的，应当依法实行有偿使用。经省级以上人民政府批准，经营性文化事业单位转制为授权经营或国有控股企业的，原生产经营性划拨用地，经批准可采用国家出资（入股）方式配置；经营性文化事业单位转制为一般竞争性企业的，原生产经营性划拨用地可采用协议出让或租赁方式进行土地资产处置。"

2014年10月，《国务院关于加快发展体育产业促进体育消费的若干意见》（国发〔2014〕46号）中明确指出：在老城区和已建成居住区中支持企业、单位利用原划拨方式取得的存量房产和建设用地兴办体育设施，对符合划拨用地目录的非营利性体育设施项目可继续以划拨方式使用土地；不符合划拨用地目录的经营性体育设施项目，连续经营一年以上的可采取协议出让方式办理用地。

（三）养老健康类PPP项目应用土地政策情况

2014年4月，《国土资源部办公厅关于印发〈养老服务设施用地指导意见〉的通知》（国土资厅发〔2014〕11号）中，要求细化养老服务设施供地政策，即经养老主管部门认定的非营利性养老服务机构的，其养老服务设施用地可采取划拨方式供地。民间资本举办的非营利性养老服务机构，经养老主管部门认定后同意变更为营利性养老服务机构的，其养老服务设施用地报经市、县人民政府批准后，可以办理协议出让（租赁）土地手续，补缴土地出让金（租金）。但法律法规规章和原《国有建设用地划拨决定书》明确应当收回划拨建设用地使用权的除外。营利性养老服务设施用地，应当以租赁、出让等有偿方式供应，原则上以租赁方式为主。土地出让（租赁）计划公布后，同一宗养老服务设施用地有两个或者两个以上意向用地者的，应当以招标、拍卖或者挂牌方式供地。

2016年12月，国务院发布的《关于全面放开养老服务市场提升养老服务质量的若干意见》（国办发〔2016〕91号）中指出，民间资本举办的非营利性养老机构与政府举办的养老机构可依法使用农民集体所有的土地。对在养老服务领域采取政府和社会资本合作（PPP）方式的项目，可以国有建设用地使用权作价出资或者入股建设。

（四）田园综合体PPP项目应用土地政策情况

田园综合体项目可以理解为"农业+文旅+地产"的综合发展模式，但目前的相关政策对田园综合体的地产发展模式存在诸多限制。2017年的中央一号文件指出，"在控制农村建设用地总量、不占用永久基本农田前提下，加大盘活农村存量建设用地力度。允许通过村庄整治、宅基地整理等节约的建设用地采取入股、联营等方式，重点支持乡村休闲旅游养老等产业和农村三产融合发展，严禁违法违规开发房地产或建私人庄园会所"。从这一角度考虑，发展田园地产与现行政策存在一定的冲突。田园综合体中的"农业+文旅+地产"模式不应该是传统意义上的房地产开发，而应当是与田园综合体整体发展相配套的地产开发，例如，与旅游配套的民宿、农家客栈、酒店等。为了配合田园综合体整体开发，在不违背相关政策法规的前提下，政府方可通过土地指标调整将田园综合体规划范围内的建设用地集中后，进行土地整理以供项目公司使用，项目公司将取得的建设用地用于民宿、酒店等旅游用地产开发。

（五）休闲农业类PPP项目应用土地政策情况

在休闲农业的土地开发方面，一是支持农民发展农家乐，闲置宅基地整理结余的建设用地可用于休闲农业；二是鼓励利用村内的集体建设用地发展休闲农业,支持在有条件的农村开展城乡建设用地增减挂钩试点,发展休闲农业;三是鼓励利用"四荒地"(荒山、荒沟、荒丘、荒滩)发展休闲农业,在中西部民族地区和集中连片特困地区利用"四荒地"发展休闲农业,对其建设用地指标给予倾斜;四是加快制定乡村居民利用自有住宅或者其他条件依法从事旅游经营的管理办法等。

### (六) 特色小镇PPP项目应用土地政策情况

特色小镇PPP模式的土地利用,包括住宅用地、产业用地、商业用地和公共服务用地、农村集体土地等多种用途土地,须多元化、综合性利用土地开发政策。用地保障是社会资本和投资人亟待解决的问题。《国土资源部关于进一步做好新型城镇化建设土地服务保障工作的通知》中倡导:积极推进城镇低效用地再开发,实施差别化产业用地政策,科学稳慎推进低丘缓坡地开发。在上述政策的引导下,各地政府积极创新,针对特色小镇的特点和发展需求,采取了一系列行之有效的激励措施。

1. 中央层面特色小镇的用地政策

截至目前,部委指导文件尚未发布针对特色小镇的专门土地支持政策。基于特色小镇是国家深入推进新型城镇化工作的组成部分,《国务院关于深入推进新型城镇化建设的若干意见》中的第6条"完善土地利用机制",可为解决特色小镇用地问题指出四条解决路径[①]:一是规范推进城乡建设用地增减挂钩;二是建立城镇低效用地再开发激励机制,允许存量土地使用权人在不违反法律法规、符合相关规划的前提下,按照有关规定经批准后对土地进行再开发;三是因地制宜推进低丘缓坡地开发;四是完善集体建设用地经营权和宅基地使用权流转机制,即集体建设用地经过流转,经营者可以取得一定年限的使用权,同时,农民有偿自愿退出宅基地,退出后减少的农村用地指标可以通过第一种方式转化为增加的城市建设用地指标。

2. 地方层面特色小镇的用地政策汇总

(1) 用地指标激励措施

建设用地计划优先安排用地指标。如,重庆市下达特色小镇示范点建设用地计划专项指标;福建省国土资源厅对每个特色小镇各安排100亩用地指标,新增建设用地计划予以倾斜支持。

用地指标奖励和惩罚。如,浙江省对如期完成年度规划目标任务的,省里按实际使用指标的50%给予配套奖励,其中信息经济、环保、高端装备制

---

① 见财政部《关于印发〈政府和社会资本合作项目财政承受能力论证指引〉的通知》(财金〔2015〕21号)。

造等产业类特色小镇按60%给予配套奖励；反之，对3年内未达到规划目标任务的，加倍倒扣省奖励的用地指标。

城乡建设用地增减挂钩指标。如，湖北省2017年起单列下达每个特色小（城）镇500亩增减挂钩指标；陕西省分批次给予每个省级重点示范镇1 000亩、文化旅游名镇（街区）200亩城乡建设增减挂钩用地指标支持；贵州省则将形成的增减挂钩指标在保障农村发展用地后，节余部分进入市（州）公共资源交易平台公开交易。

（2）利用低丘缓坡、滩涂资源和存量建设用地

如，福建、江西、山东、湖北、浙江等省要求特色小镇的建设要优先利用低丘缓坡地、滩涂资源和存量建设用地；杭州市上城区则通过仓库更新、厂房农居改造、历史建筑修缮和环境整治等方式打造了面积约2 000亩、4A级景区标准的山南基金小镇。

（3）工矿废弃地复垦利用和城镇低效用地再开发

如，福建省规定，对工矿厂房、仓储用房进行改建及利用地下空间，提高容积率的，可不再补缴土地价款差额；河南省鼓励社会资本参与镇区废旧厂房改造和荒地、废弃地开发利用以及低效用地再开发；四川省要求特色小镇建设要用好增减挂钩、土地综合整治、集体建设用地流转、工矿废弃地复垦整理、城镇低效用地再开发等土地政策。

（4）过渡期按原用途使用土地

如，福建省规定，在符合相关规划的前提下，经市、县（区）政府批准，利用现有房屋和土地，兴办文化创意、科研、健康养老、工业旅游、现代服务业、"互联网+"等新业态的，可实行继续按原用途和土地权利类型使用土地的过渡期政策，过渡期为5年。

（5）农村集体建设用地流转和租赁

如，内蒙古自治区鼓励农村牧区集体经济组织和农牧民以土地入股、集体建设用地使用权转让、租赁等方式有序地进行农家乐、牧家乐、家庭旅馆、农庄旅游等旅游开发项目试点；广西、四川、甘肃等省（区）也都在探索集体建设用地流转利用方式。

（七）"轨道交通+土地"综合开发类PPP项目应用土地政策情况

从国内外实践来看，不少城市将轨道交通建设与土地共同开发，如我国的香港地铁属于典型的轨道交通与土地共同开发模式，当地政府以立法的形式保障地铁公司享有"地铁土地"开发权，并由地铁公司对土地进行统一规划、分步实施。香港还是"轨道+物业"模式的开创者。自1976年《综交

通运输研究》制定，开始运用"轨道+物业"发展模式以来，香港政府以特许经营方式将地铁沿线土地交由香港地铁公司主导开发，在建设中或营运后结合轨道规划、建设、运营与沿线物业规划、建造、市场运作，发展具有特色的轨道物业并获取效益。

在内地，深圳和上海是此类项目中较为典型的案例。

深圳模式：建设、运营、物业三位一体轨道物业综合开发。通过赋予沿线土地储备权，实行轨道交通建设、运营、资源物业协同发展战略，地价按未建地铁时的地价核定。出让方式采用协议出让、定向招拍挂或有条件招拍挂等方式，保障地铁公司获得开发用地。"以城市发展引领城市各项事业发展"和"建地铁就是建城市"的理念，逐步探索建立了"轨道+物业"的投融资模式，即地铁集团通过合法途径取得地铁上盖及沿线土地开发权，将物业与地铁建设同步规划、同步设计、同步施工，以市场化融资解决地铁建设资金，形成四位一体的可持续发展模式。

上海模式：建设、物业综合开发。2014年4月，上海市《关于推进上海市轨道交通场站及周边土地综合开发利用的实施意见（暂行）》明确规定，场站综合用地，可以通过协议出让方式，由轨道建设的综合开发主体申通地铁公司负责经营性"上盖"物业开发建设。车站、轨道部分土地，按照划拨方式管理；用于经营性开发的部分，按规划建设轨道交通前的市场评估地价收取，并鼓励采用市区联合开发模式。2014年6月出台的《上海市轨道交通车辆基地综合开发建设管理导则（试行）》，创新了轨道物业开发的审批机制和建设方式。

目前，"轨道交通+土地"综合开发类PPP项目大致有如下几种模式分类。

1. 按轨道、土地开发双方关系分类

按轨道、土地开发双方关系可分为：①独立开发。即轨道交通与土地分别由轨道交通企业、土地专业开发主体独立开发，政府将土地一级开发后招拍挂所得增值收益作为轨道交通建设资金来源，土地专业开发主体获取二级开发收益。②综合开发。即轨道交通与土地均由轨道交通企业一个主体进行综合开发，轨道交通企业既负责轨道交通建设又负责土地开发，土地开发所得收益作为轨道交通建设资金来源。③合作开发。即轨道交通由轨道交通企业开发，土地由轨道交通企业与土地专业开发主体合作开发，土地一级开发招拍挂所得增值收益及轨道交通主体进行土地二级开发按股权所得收益作为轨道交通建设资金来源，土地专业开发主体按股权比例获取土地二级开发收益。同时，又以轨道交通企业与土地专业开发主体合作时点分类，分为"取地前合作"模式和"取地后合作"模式。

2. 以开发空间的位置分类

以开发空间的位置可分为：①车辆段上盖开发。在比地面高出9米至13米的地铁终点站停车库库顶，进行民用建筑开发建设，形成由地基、地铁车库、汽车车库夹层、住宅楼层构成的"上盖物业"。②站点一体化开发。涵盖商业、办公、餐饮、文娱、交通等5项城市功能，集轨道交通、地下公交、小汽车、出租车、自行车等交通功能与商业设施于一体，使项目成为兼具社会公益性和商业性的复合型商业地产。③地下空间开发。通过对站厅区和相邻商业项目接驳通道的优化设计、同步建设，最大限度地实现了地下空间的功能集成和集约利用。④轨道红线及沿线土地储备。对轨道红线范围和沿线经营性用地统一开展资源筛查，以土地储备方式实施征地拆迁工作，探索建立沿线土地开发收益反哺轨道交通建设的机制。

# 第三章　PPP项目涉及集体土地的政策应用分析

集体土地的开发利用一直是我国城市建设开发中举足轻重的一部分，过去以征地为主的模式虽然为城市的快速建设发展提供了强大保障，但也造成了失地农民利益缺乏保障的情况，引发了被征地农民与地方政府的冲突。党的十八届三中全会的《中共中央关于全面深化改革若干重大问题的决定》提出："建立城乡统一的建设用地市场。在符合规划和用途管制的前提下，允许农村集体经营性建设用地出让、租赁、入股，实行与国有土地同等入市、同权同价。"这就为集体经营性建设用地直接入市提供了政策依据。随着乡村振兴战略的实施、城乡融合发展的推进，农村集体建设用地作为实现城乡互动的主要载体，能否科学规划和有效利用愈显重要。集体土地的创新利用为PPP项目提供了新的资源，而创新利用的核心就在于在实现城镇化发展的目标下高效利用土地资源，盘活存量土地，提高城市活力和更好地保障农民的利益。

## 一、集体土地特点与PPP项目的关联性

### （一）集体土地特点

集体土地是指由农村集体所有的土地，集体土地所有权的权利主体包括三类：一是村农民集体；二是村内农业集体经济组织的农民集体；三是乡（镇）农民集体。集体土地目前分为农用地和集体建设用地，集体建设用地又可分为宅基地、集体经营性建设用地和集体公益性建设用地。

土地资源具有稀缺性，但可永续使用，具有空间属性、经济属性和差异性。土地是自然赋予的生产资料，具有位置固定、总量有限、多用途使用等特性。在同一块土地上，由于不同的资源投入和不同的用途，其所产生的经济价值也完全不同。由于区位、土地质量、与城市关系及资源禀赋的差异，使得土地价值和可利用性也具有较大差异性。

集体土地权属特点主要体现在权利主体、确认方式、处置方式及权利约束分割等方面。

第一，集体土地权利主体为各农业劳动集体，在全国范围内没有统一的所有权权利主体。法律明确规定我国农村的土地属于农民集体所有，但是"集体"是指哪一级，法律规定并没有明确。根据我国宪法、民法通则、土地管理法等，集体土地所有权包括前述三类权利主体。

第二，集体土地所有权须通过登记予以确认。集体土地是我国土地所有制的一种形式。土地管理法规定，集体所有的土地，由县级人民政府登记造册，核发证书，确认所有权。中华人民共和国国土资源部令第63号《不动产登记暂行条例实施细则》（2015）对集体土地所有权登记做出了详细规定。2020年11月，全国2 838个县（市、区），3.4万个乡镇55万多个行政村已基本完成承包地确权登记颁证工作，将15亿亩承包地确权给2亿农民，承包地颁证率已超过96%。

第三，集体土地"终极"所有权只能由各级政府处置。我国的集体土地所有权不能由所有权人自由处分。农村土地农民集体所有是农村基本经营制度的根本，农村土地属于"集体所有"，事实上是国家和集体双重所有。国家通过法律手段和政策手段，严格限制集体土地的处分权，也控制土地的经营过程，同时严格控制土地承包期限。我国土地管理法规定："国有土地和集体所有土地的使用权可以依法转让。土地使用权转让的具体办法，由国务院另行规定。"土地管理法（2019年修正版）明确了集体建设用地入市的条件和程序，这是土地管理法的一个重大创新，取消了集体建设用地不能直接进入市场流转的二元体制。

第四，集体土地所有权也可以与土地使用权分离，并依法确定给集体经济组织和个人使用。2016年，中共中央办公厅、国务院办公厅印发的《关于完善农村土地所有权承包权经营权分置办法的意见》明确提出要在"坚持农村土地集体所有，坚持家庭经营基础性地位，坚持稳定土地承包关系"的基本原则下，逐步形成"三权分置"格局，不断探索农村土地集体所有制的有效实现形式，落实集体所有权，稳定农户承包权，放活土地经营权，充分发挥"三权"的各自功能和整体效用。

（二）集体土地与PPP项目的关联性

土地是城镇化、产业化的主要载体，集体土地是实现我国城乡一体化发展的关键因素。由于集体所有的土地必须先行征用转为国有土地后才能供应，这就使涉及集体土地的建设项目只能先转为国有土地，否则社会资本方无法介入项目的建设。

如果要将集体土地转化为国有土地，则先要进行征地拆迁，法定程序较为繁琐，周期较长；加之征拆成本逐年走高，各类拆迁事件也从社会风险角度严重制约了项目推进，因此一般 PPP 项目用地主要利用已完成收储的土地。

同时，为了避免征地可能带来的实施障碍和进度风险，也应关注集体土地以租代征或同地同权等利用方式。《中华人民共和国土地管理法（修正案）》中对集体经营性建设用地入市的范围、条件等进行了原则性规定，明确了符合土地利用总体规划的集体经营性建设用地，土地经营权人可以采取出让、租赁、作价出资或者入股等方式由单位或者个人使用；同时，集体经营性建设用地使用权可以转让、出租、抵押。该法为社会资本方利用集体土地作为 PPP 项目空间载体开辟了新路径。

由于 PPP 项目须提供公共物品和服务，因而从适用性角度，集体土地更适合开展经营性或准经营性 PPP 项目。纯公益或准公益类项目，如市政道路、公园绿化等项目收益性较差甚至没有收益，从集体和村民发展意愿角度普遍无法接受，因而更多是通过土地征收方式将集体土地转为国有建设土地；经营性项目，如养老、医疗卫生、旅游等项目，具备稳定现金流，同时有利于集体经济组织发展和村民就业，则可通过租赁、作价出资或者入股等方式进行 PPP 项目建设和运营。

利用集体土地开展 PPP 项目，农民在不失去土地的情况下，依然有权分享土地资产增值带来的长期收益；同时，社会投资方也节约了前期购地成本，有利于缓解资金压力。尤其是针对农用地，在发展新农业、实现乡村振兴的大背景下，采用集体土地开展 PPP 项目更符合多方利益，同时也在政策上获得越来越多的支持。

## 二、集体土地在 PPP 项目中的创新利用方式

（一）政策依据

我国探索集体土地创新利用，主要通过试点方式逐渐落实中央相关精神。国务院《关于深化改革严格土地管理的决定》（国发〔2004〕28号）提出：在符合规划的前提下，村庄、集镇、建制镇中的农民集体所有建设用地使用权可以依法流转。

2013年11月，党的十八届三中全会审议通过《中共中央关于全面深化改革若干重大问题的决定》，指出要建立城乡统一的建设用地市场，在符合规划

和用途管制的前提下,允许农村集体经营性建设用地出让、租赁、入股,实行与国有土地同等入市、同权同价。

2015年,《全国人民代表大会常务委员会关于授权国务院在北京市大兴区等三十三个试点县(市、区)行政区域暂时调整实施有关法律规定的决定》中,明确了在符合规划、用途管制和依法取得的前提下,允许存量农村集体经营性建设用地使用权出让、租赁、入股,实行与国有建设用地使用权同等入市、同权同价。

2015年《全国人大常委会关于授权国务院在北京市大兴区等232个试点县(市、区)、天津市蓟县等59个试点县(市、区)行政区域分别暂时调整实施有关法律规定的决定》,赋予农村承包土地(指耕地)的经营权和农民住房财产权(含宅基地使用权)抵押融资功能,在农村承包的经营权抵押贷款试点地区,允许以农村承包土地的经营权抵押贷款;在农民住房权抵押贷款试点区,允许以农民住房财产权抵押贷款。

2016年,《关于完善农村土地所有权承包权经营权分置办法的意见》(中办发〔2016〕67号)提出:保护严格的农村土地产权制度,优化土地资源配置,培育新型经营主体,促进适度规模经营发展,赋予经营主体更有保障的土地经营权是完善农村基本经营制度的关键。土地经营权人对流转土地依法享有在一定期限内占有、耕作并取得相应收益的权利。

随着一系列政策的出台和试点推进,集体经营性建设用地逐步可以通过出让、租赁、作价出资或者入股等方式提供给PPP项目。目前,要进一步推进城乡统筹发展,实现多元城市结构和地区产业升级,需要充分利用集体建设用地成本较低的优势,引导符合PPP模式和目标要求的项目创新利用集体土地。通过经营性PPP项目加快产业集聚,为农村吸引高端人才,充分调动村集体和农民积极性,实现从"瓦片经济"和传统农业向现代服务业和现代农业的转型,实现城乡差异化发展和集体经济组织的可持续稳定发展。

(二)集体土地利用模式分析

1. 租赁模式

租赁模式指集体经营性建设用地使用权人将土地出租给社会资本方,由社会资本方在所租赁的土地上进行开发、运营。集体建设用地使用权出租,是集体组织将经营性集体建设用地使用权出租给使用者,承租人与出租人签订一定年期的土地出租合同,并按合同约定支付土地租金的行为。经营性集体建设用地租赁对于发展本地产业,提高乡镇经济建设水平具有重要意义。集体建设用地使用权租赁可有效盘活集体建设用地资源,并鼓励社会资本投向农村建设，同时有效降低社会企业用地成本，促进区域经济发展。

集体建设用地租赁的供地方式，有利于节约投资人土地投入成本，将更多资本应用到产业发展上。一是相对于通过招拍挂方式获得土地开展项目，其在建设初期不用支付大量土地出让金而是可以采取分期支付，项目开发风险降低；二是租赁的方式更加灵活，双方可根据项目需求签订合同，确定租赁期限、付款方式和租金水平；三是投资人易于退出，投资人在租赁到期后可根据实际经营情况决定是否续签。

该模式的租赁对象为集体土地使用权。按照《中华人民共和国合同法》规定："租赁期限不得超过二十年……租赁期间届满，当事人可以续订租赁合同，但约定的租赁期限自续订之日起不得超过二十年。"由于PPP项目合作期限通常为10年以上，部分项目甚至长达30年。如PPP项目合作期限超过20年，应注意PPP项目合作期限与集体土地租赁期限的匹配。

在该模式下，社会资本方出资建设项目，并通过运营管理获得合理回报，土地使用权人则可获得租金收入。该模式由于不用征收土地，节省了大量拆迁安置费用，对于社会投资人而言节约了占比最大的前期投资费用。同时由于社会资本方的投资建设，以及产业导入，还可创造部分工作岗位，解决村民当地就业。集体建设用地租赁协议通常周期较长，长期租赁协议下确定租金成为核心问题，租金过低导致土地价值难以显现，也不利于保障农民利益，而过高则对于入驻企业而言存在较大风险。

对于长期租赁下租金的确立问题，江苏宜兴的年租制提供了可供借鉴的经验。在宜兴，村集体与租赁主体实行"长租短约"制度，村集体与租赁主体签订土地使用权租赁合同，租赁主体每年支付给村集体租金；租赁期内租金每隔三至五年根据市场情况做出调整，幅度在20%以内，该模式兼顾了租赁双方的土地权益。一方面，村集体不失去土地所有权，并可获得长期稳定的土地收益，还可对租金随行就市调整；另一方面，租赁主体可获得长期的土地使用权年限，能稳定地投入、实施长远发展战略。对于地方国土资源部门而言，实行年租制可使当地经营性集体建设用地管理逐步规范，土地集约利用，显化土地资产价值。年租制尤其是采取级差地租形式，能有效利用土地所有权和使用权，即可使土地使用者珍惜土地、保护耕地的意识增强，又能有效利用闲置的经营性集体建设用地。

北京市大兴区西红门镇也对利用租赁集体土地开展项目建设进行了有益的探索。各村联营公司将部分集体建设用地使用权出租给投资人，投资人在租赁期内按年支付租金，在建设完成后返还部分物业。该租赁方式缓解了投资人的资金压力，使资金更多地投入建设和产业发展，而租赁期结束后返还物业使村民拥有长期收益的资产而非一次性补偿资金，从而保障了村集体和农民的可持续发展。同时，西红门镇政府通过房地分离，将房屋所有权与土地使用权分割，对房屋产权进行单独确权发证，从而保护了投资人的利益。我们也在此指出，当投资人在租赁的集体建设用地上建设房屋时须注意产权问题。

2. 类 BOT 模式

类 BOT 模式，指政府部门就某个项目与社会资本方（项目公司）约定，由政府特许并授权给社会资本方来承担该项目的投资、融资、建设、经营与维护；特许期届满，社会资本方将该基础设施无偿或有偿移交给政府部门或其指定机构。社会投资人对所经营物业不享有产权，但享有特许经营权，通过项目运营或租赁回收投资并获得合理回报。

基础设施项目的建设运营周期长、规模大，项目的不确定性较高，风险较大，而类 BOT 模式可以在建设过程中转移风险、降低风险。以 BOT 方式将基础设施项目全权交给项目承包商建设和经营，可以使公共部门将项目的融资、建设和经营风险与社会资本方共担，从而避免由某一方承受项目的全部风险。同时，社会资本方通常会采用先进的技术和管理方法，并引入成熟的经营机制，从而有助于提高项目的建设与经营效率。

3. 政企合作模式

《北京市规划和国土资源管理委员会关于印发〈关于统筹利用集体建设用地政策的有关意见〉的通知》（市规划国土发〔2017〕69号）中指出，允许集体土地使用权出资入股，该文件同时还明确了土地使用权入股期限最高不得超过 40 年。

该文件指出，村集体（或镇级联营公司）以土地使用权入股，社会资本方以资金入股，设立专门从事项目区域开发建设经营并具有独立法人资格的项目公司（SPV），社会资本以现金方式提供项目公司所需注册资本金，并统筹项目建设和运营资金；项目公司作为投资开发主体，负责合作区域的规划设计、投资、建设、招商、运营维护。

根据该 69 号文意见，镇级联营公司在项目公司中持股比例不得低于 51%，且应有保底分红，入股后的土地使用权不得出让、转让或者出租。在合作期内，可享受到稳定的长期股权分红收益。

此举的目的，在于通过引入社会资本方，采取政企合作模式，发挥各自的优势，发展当地优势产业，促进当地经济发展；实现村民当地就业，增加经济收入；增加村民的工作技能，彻底解决"三农问题"

### (三) 集体土地创新利用的障碍

#### 1. 尚未形成城乡统一的建设用地市场

从国家层面来看，目前建设用地的供应仍然由政府进行统筹，并严格限制集体土地的处分权，使得农民对土地只享有使用权，无法自由处置，这在相当程度上限制了集体和农民的生产积极性。由于大量农民外出打工、中青年劳力不足而导致的土地抛荒、弃耕等问题十分普遍。可见，对于集体土地须打破传统的土地市场二元制度，才能促进农村经济社会发展和实现城乡统筹。

为此，《中共中央关于全面深化改革若干重大问题的决定》（以下称《决定》）提出"建立城乡统一的建设用地市场。在符合规划和用途管制前提下，允许农村集体经营性建设用地出让、租赁、入股，实行与国有土地同等入市、同权同价。建立兼顾国家、集体、个人的土地增值收益分配机制，合理提高个人收益。完善土地租赁、转让、抵押二级市场"。

建立城乡统一的建设用地市场的主要目标是实现集体建设用地与国有土地同等入市，同价同权。允许农村集体经营性建设用地以转让、租赁、入股等方式进入土地一级市场，并逐步完善土地二级市场；允许集体建设用地上房屋的租赁、抵押和担保，赋予农村集体经营性建设用地与国有建设用地以平等地位和相同权能。

在《决定》的指导下，只有建立起城乡统一的建设用地市场，同步推进集体土地确权工作，完善农村集体建设用地权能建设，才能建立起产权明晰、权能明确、权益保障、流转顺畅、分配合理的农村集体土地产权制度。毕竟，农村集体土地所有权与国有土地所有权地位不对等，集体建设用地产权不明晰、权能不完整、实现方式单一等问题已经成为利用集体土地开展PPP项目的突出障碍。

#### 2. 农民无法实现财产权利

根据《决定》，赋予农民对集体资产股份的占有、收益、有偿退出及抵押、担保、继承权。集体建设用地及其地上附着物是农民的财产权最重要的资源载体。在城乡二元体制下，国有建设用地与集体建设用地资产价值差异较大，村集体和农民难以享受到各类财产权利。其核心是集体和农民对集体建设用地和地上附着物财产权残缺不完整、集体土地及其附着物无法进行合法的抵押和担保融资等，而根据相关法律，集体土地也无法出售给本集体经济组织成员以外的任何主体。财产权利的缺陷严重制约了集体土地作为资产进入社会财产增值体系、信用体系、流动体系，致使集体土地应用到PPP项目上时存在融资障碍。

## 三、PPP 项目利用集体土地的政策建议

（一）加快推进集体经济组织改革

集体经济组织改革的目的是赋予农民更多的财产权利，明晰产权归属，完善各项权能，激活农村各类生产要素潜能，建立符合市场经济要求的农村集体经济运营新机制。同时，通过股权设置的农村集体产权改革，使农民获得集体资产升值收益，而这也是增加农民收入的重要合理性途径之一。

现阶段，农村集体产权归属不清晰、权责不明确等问题比较突出。为此我们建议进一步推广试点的经济产权改制经验，建立起政企分离、公开透明、廉洁高效的集体经济组织形式。完善相关政策，妥善化解历史遗留问题，按照现代企业制度的要求，建立健全各项管理制度，使农民成为有资产的新市民。从而真正做到：一是收益分配民主，经营性集体建设用地使用权流转收益的分配要通过村民大会表决，确保土地收益更多地用于农村基础设施改善、农村公共事业发展；二是监管措施严格，对于集体经济组织的土地租金收入要实行"村账镇管"制度，农民集体经济组织的土地租赁资金使用须接受镇政府的监督。

（二）编制农村集体建设用地规划

编制农村集体建设用地规划有利于贯彻落实城乡规划条例，从而有效拓展农村集体产业发展空间。应结合实际情况，在确保土地利用总体规划确定的城乡建设用地总规模和中心城区建设用地规模不增加的前提下，按照相关规定精神，本着城乡一体化原则，打破城乡界限，统筹管理城乡建设用地，进一步编制细化和调整完善乡村规划。在农村地区适当增加村庄规划建设用地指标，特别是增加集体产业发展用地指标，促进城乡建设用地指标的协调平衡。

同时，应以不同区位采取不同的措施激活农村集体建设用地存量资源为思路编制农村集体建设用地规划。其中，中心地区的集体建设用地应继续采用一级开发的方式推进城镇化建设，一方面可使农民搬迁上楼转变成居民，另一方面也为城市发展提供空间。

（三）建立健全集体土地产权交易规范管理制度

第一，加快农村集体建设用地流转管理的立法步伐，建立和完善农村土

地有偿使用和经营权流转制度。积极落实试点政策，合理设定农村土地流转条件，充分发挥市场配置资源的决定性作用，积极探索建立城乡统一的土地市场。

第二，通过搭建农村土地经营权流转平台，探索市场化运行机制、具体操作程序和方式办法，支持农村集体经济组织对其符合城市总体规划、土地利用总体规划和本市产业政策，权属清晰、依法取得的产业类集体建设用地，采取多种方式进行流转。

第三，建立农村土地经营权流转交易市场，探索农村土地经营权流转政策，盘活存量资源，发展壮大集体经济组织，建立农村产权流转交易基本数据库，推动农村土地经营权公开、公正与规范运行。建立涵盖区县、乡、村挂牌成立的农村土地产权流转交易市场，依据不同层级情况设计交易市场的机构设置、组织架构、单位性质、运行机制、制度建设等，激活农村生产要素，释放农村生产力，实现农村资产同步增值，增加农民财产性收入，增强农民的获得感。建立囊括不同交易品种的交易市场，主要对集体经营性资产租赁、土地承包经营权流转、集体经营性建设用地使用权租赁、集体工程建设项目招投标及集体资产股权交易等规范流转手续，并根据试点经验积极向其他地区推广。

第四，积极探索农村集体建设用地使用权抵押融资。目前，可按照物权法"以乡镇、村企业的厂房等建筑物抵押的，其占用范围内的建设用地使用权一并抵押"的规定，鼓励农村集体经济组织以厂房等集体产业用地上的房屋分期进行抵押融资，实现集体产业项目的滚动发展。

第五，积极结合农村土地流转试点工作，按照"同地同权"的原则，赋予农村集体建设用地更加完整的财产权，探索农村集体用地贷款抵押政策机制，支持并引导银行、保险、基金等各类金融机构创新集体土地贷款抵押方式，拓展农村集体经济组织融资渠道，有效提高集体经济组织参与城市化建设的能力。

（四）统筹利用经营性集体建设用地

第一，在广大城乡接合部和偏远乡镇等地区统筹利用集体建设用地，提高土地利用效率。完善土地一级开发模式，重点解决小城镇建设发展中的投融资瓶颈问题。完善土地供应政策，探索以农村集体经济组织为主体，自主开发，自主（或委托）运营，采取集体建设用地"自征自用，定向出让"和集体占地等灵活供地方式，促进产业升级和产业发展。

第二，在集体建设用地分布散乱、产权分散、利用混乱的地区，通过多种手段集中土地，发挥规模效应，实现集体建设用地的集约利用，通过调整规划，统筹安排，鼓励集体建设用地通过土地入股等方式实现集体建设用地创新利用。根据现状，在统筹利用中要注意缩减建设用地以支持环境建设，加强拆违控违和人口管控。

第三，以发展集体产业为突破口，实现农村集体建设用地的高效集约利用。结合区域功能定位和发展目标，在土地利用总体规划、城市总体规划和产业规划指导下，编制集体产业用地专项规划，优化集体建设用地利用结构和空间布局，引导集体建设用地高效节约利用。实施差别化的土地利用政策，对城市功能拓展区，要鼓励农村集体经济组织以重点功能区建设为重点，集中发展与之相配套的服务产业。

第四，对集体建设用地各类历史遗留问题，应严守18亿亩的耕地红线，并以全国第三次土地调查成果为基础，结合目前正在开展的农村集体建设用地确权发证工作，综合考虑项目土地利用现状、规划、产业类型、违法违规实施和政策适用期限边界等各种因素，统筹甄别，分类解决，疏堵结合，积极化解。对符合规划的，可追加用地指标，补缴有关税费，完善相关用地手续；对不符合规划，但已形成相当规模、难以恢复原状的，可通过调整规划、完善相关手续等措施，逐步纳入管理范围；对严重违反建设规划、土地规划和产业政策的项目，要下决心拆除。同时，制定配套政策，鼓励违规使用集体建设用地的单位和个人主动完善相关用地手续，加快推进农村集体建设用地的确权登记和盘活利用。

# 第四章　PPP项目多样化的用地方式选择

自1986年至今，我国已经建立了一套相对完整的土地管理法规和政策体系。本章基于现有的土地管理法规和政策体系，梳理PPP项目在不同土地供应方式下取得土地使用权的流程、限制性条件等。

## 一、现行供地方式在PPP项目中的应用

在采用PPP模式实施基础设施或公共服务设施项目建设时，其用地应当符合土地利用总体规划和年度计划，且须依法办理建设用地审批手续[①]。

（一）划拨方式供应PPP项目用地

1. 划拨用地供应流程与条件

符合划拨用地使用范围内的土地，由项目建设单位提出划拨用地使用申请并提供建设单位资料等，经县级以上人民政府依法批准后，无偿划拨给建设单位的，可直接由政府无偿给予使用；需要建设单位缴纳补偿、安置等土地费用的，使用者缴纳完该费用后，由政府提供土地的使用权。划拨用地使用流程如图4-1所示：

2. PPP项目划拨用地的权属问题及限制性条件

针对划拨用地有两种权属设置方式。

一是PPP项目选定社会资本方前，由政府指定机构作为项目建设单位（一般为PPP项目实施机构或出资代表），在用地获得政府审批后，项目用地使用权证办在建设单位名下。建设单位获取划拨土地后无偿提供给社会资本方或项目公司使用，项目土地权属归政府方。在经政府审核批准后，也可将项目用地转让或出租给项目公司使用。

二是在项目公司组建完成后，土地直接划拨至项目公司名下。土地名义上权属归项目公司，实则一般由政府取得划拨用地使用权后，再授权项目公

---

[①] 见财政部《关于规范政府和社会资本合作（PPP）综合信息平台项目库管理的通知》（财办金〔2017〕92号）。

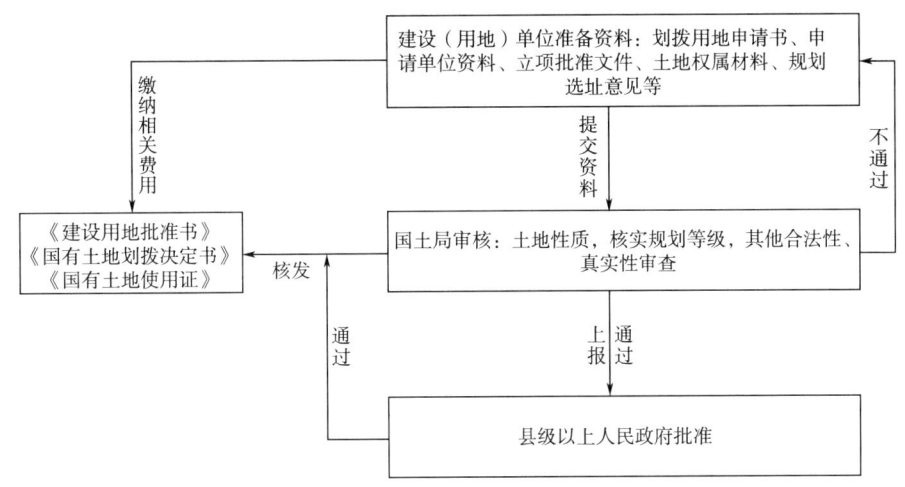

图 4-1 划拨用地主要流程示意图

资料来源：本研究整理

司使用。PPP 项目用地划拨完成后，项目土地用途不能发生改变。

3. 案例分析——河北省清河县清水河区域生态综合治理工程 PPP 项目

（1）项目概况

清河位于邢台市最东侧，是其东部重要的窗口城市，未来将作为邢台的副中心城市。为扩大清河的区域影响力，推进城市的发展，完善清河的城市功能，清河县政府决定设立青阳新区，将其打造成集商贸、商务办公、现代金融、产业园区、休闲娱乐、文化展览、现代教育及医疗、旅游小镇等公共服务功能于一体的清河城市中心。青阳新区管理委员会在此背景下，提出河北省清河县清水河区域生态综合治理项目，以对新区水环境和城市河道、湖泊生态环境进行综合治理。

主要建设内容为三羊大街（三羊大桥向北侧延伸 200 米）至乌江大街段的水利工程、市政路桥及综合管廊工程、景观工程以及建筑场馆工程四大板块的工程建设，总体设计面积 197.30 公顷，水面面积 44.34 公顷。

项目总投资为 10.33 亿元，其中征地拆迁费用 3 960 万元，水利工程投入 1.1 亿元，市政路桥及管廊工程投入 3.9 亿元，景观工程投入 3.6 亿元，建筑场馆工程投入 1.3 亿元。

（2）交易结构

当地政府授权青阳新区管委会作为项目实施机构，实施机构再通过政府采购的方式选定社会资本方，并由中标社会资本方与政府出资代表合资组建项目公司；项目公司负责项目的投资、建设及运营维护等工作。

市政路桥及地下综合管廊工程、水利工程、景观工程、建筑场馆工程采用政府付费的形式。市政路桥及综合管廊工程中的管廊使用单位支付的入廊费、管廊运营维护服务费统一纳入财政收入，优先用于支付项目公司的服务费，不足部分由财政补足。

（3）合作模式

本项目拟采用"DBFO（设计-建设-投融资-运营维护）+可用性服务费+运营维护服务费"的方式进行运作。由清河县兆城投资有限公司与社会资本组建项目公司，负责项目的设计、投融资、建设、运营维护等工作。

由政府通过向项目公司支付可用性服务费的方式购买项目可用性（符合验收标准的公共产品）以及支付运维绩效服务费的方式购买项目公司为维持项目可用性提供的运营维护服务（符合绩效要求的公共服务），并获得建设投资合理回报。合作期结束后，项目公司根据合同要求将项目资产移交给政府方。

（4）项目用地

本项目的建设内容包含管廊工程、水利工程、景观工程、建筑场馆工程，项目用地涉及公路交通设施用地、水利设施用地、非营利性公共文化设施用地及城市基础设施用地。本项目涉及用地性质较为复杂，分属不同行业和部门管理，也属于划拨目录下项目用地。为了利于项目统筹管理，项目用地一般划拨至实施机构或政府方出资代表名下，本项目用地最终划拨至实施机构青阳新区管委会，由管委会统一提供给项目公司无偿使用。

（二）有价出让方式供应PPP项目用地

1. 出让用地流程与条件

项目用地进行出让前，须完成前期土地开发及储备工作且要求土地产权清晰，土地若设置抵押的须解除抵押。完成前期工作后，须纳入当地（县级以上）土地供应计划后才可以由国土部门进行供地。使用权人取得使用权均有使用年限限定，其中居住用地70年，工业用地50年，教育、科技、文化、卫生、体育用地50年，商业、旅游、娱乐用地40年，综合或者其他用地50年[①]。以招标、拍卖、挂牌方式供地主要流程如图4-2所示。

采取协议出让的用地，在土地供应计划公布后，出让地块有两个及以上的意向获取者时，土地供应方式应更改为招标、拍卖或者挂牌方式，不再采取协议方式出让。以协议出让方式供地的主要流程如图4-3所示。

---

① 见《中华人民共和国城镇国有土地使用权出让和转让暂行条例》。

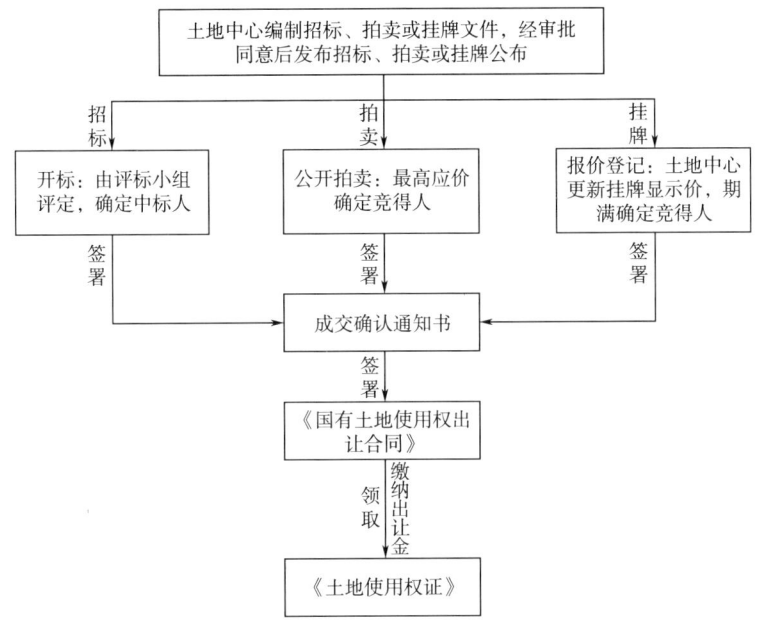

**图 4-2　招拍挂供地流程示意图**

资料来源：本研究整理

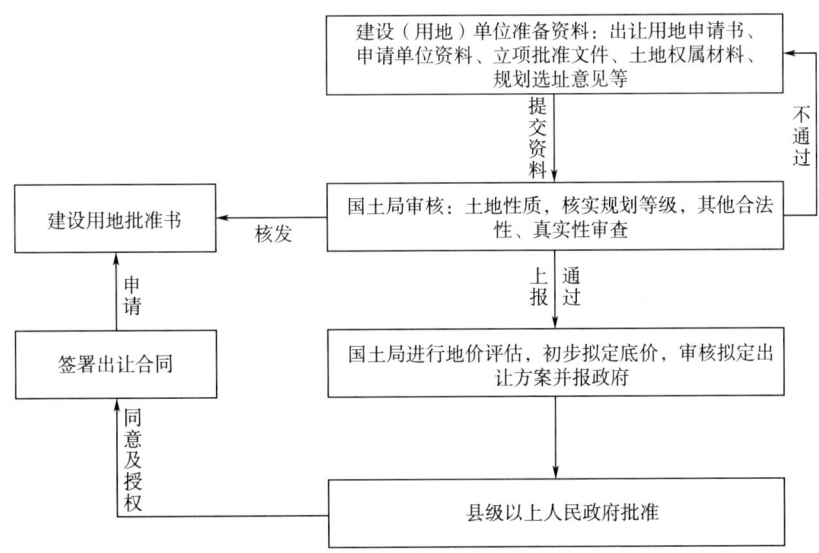

**图 4-3　协议出让土地流程示意图**

资料来源：本研究整理

**2. PPP 项目出让用地权属问题及限制性条件**

从现有政策来看,《产业用地政策实施工作指引》(国土资厅发〔2016〕38号)、《财政部等20部门关于联合公布第三批政府和社会资本合作示范项目加快推动示范项目建设的通知》(财金〔2016〕91号)及《传统基础设施领域实施政府和社会资本合作项目工作导则》(发改投资〔2016〕2231号),都鼓励对采取 PPP 模式社会投资人的招采和土地获取环节合并实施。目前,对于"两标并一标"方式,由于缺乏实施细则,仍处于探索阶段,实际操作中的使用较少。

**3. 案例分析——广州金融城站综合交通枢纽 PPP 项目**

(1) 项目概况

项目位于广州国际金融城起步区,黄埔大道以南,花城大道以北,湾融路以东,棠下涌以西,已由广州市土地开发中心完成收储和平整,不涉及征地拆迁等。

项目规划用地面积为 1.67 万平方米,用地性质为交通枢纽用地(S3)兼容商业用地(B1),总建筑面积约 7.84 万平方米,其中地上建筑面积约 2.80 万平方米,地下建筑面积约 5.04 万平方米。建设内容包括城际与地铁换乘综合交通枢纽及通道、公交车站、集散大厅、值机大厅、公共服务设施、含 500 个车位的非营利性轨道交通枢纽换乘公共停车场、三条连接通道(天桥)、商业及相关配套设施等。

项目总投资额约 13.63 亿元,其中建安工程费约 7.55 亿元,工程建设其他费约 4.44 亿元(其中土地费用约为 3.70 亿元),预备费约 8 291 万元,建设期利息约 8 146 万元。

(2) 交易结构

政府授权项目实施机构,通过招标等方式选定社会资本后,由中标社会资本与政府出资代表合资组建项目公司,并由项目公司全面负责项目的投资、建设、开发和运营。

(3) 合作模式

项目运作方式为"公共基础设施建设-运营-移交(BOT)+配套经营性物业开发"组合模式,即:广州市人民政府授权实施机构联合国土资源主管部门,将 PPP 社会资本招标与配套经营性物业国有建设用地土地使用权出让流程合并实施,采用公开招标的方式选择社会资本投资人和经营性物业的国有建设用地土地使用权受让人,中标社会资本与政府出资代表合资组建 PPP 项目公司,由 PPP 项目公司全面负责经营性物业的投资开发并拥有经营性物业资产权,同时负责非经营性交通功能基础设施的投资、建设和一定期限的运营维护；由项目公司以经营性物业开发收益尽可能反哺非经营性交通功能基础设施的建设和合作期内的运营成本，不足部分由政府支付可行性缺口补助；在约定的运营维护期满后，将非经营性交通功能基础设施无偿移交广州市人民政府或其指定部门。其中：①对于经营性物业部分，由项目公司全面负责经营性物业的投资开发并拥有经营性物业资产权属，按国家法律规定管理和经营。②对于公共交通功能基础设施部分：合作期 14 年，其中建设期 4 年（含准备期），运营维护期 10 年。③项目公共交通功能基础设施和配套经营性物业不可分割，共同构成交通枢纽综合体，二者同时竣工验收。

（4）土地取得方式

根据广州市地方项目管理规定，PPP 项目采购由交易中心负责，广州市政府采购中资格预审与后续招标采用一步实施的方式，于 2018 年 7 月 2 日在中国政府采购网、广州市公共资源交易中心、广州市土地交易市场同时挂网。招标条件明确取得 PPP 项目投资主体身份的同时也要取得项目土地使用权，并要求缴纳土地出让金。

（三）租赁方式供应 PPP 项目用地

1. 出租土地流程与条件

土地租赁包含两种形式：一种为土地使用权已确认，承租人与土地使用权人建立土地租赁关系；第二种为土地使用权尚未确认，有承租人直接与土地所有权人（国家或集体）建立土地租赁关系。其中前者为商业行为，相对简单；后者需要根据土地管理规定实施相关程序。

根据《规范国有土地租赁若干意见》（国土资发〔1999〕222 号）规定，国有土地出租是有偿使用供地方式的补充方式。在满足招标、拍卖条件时，土地租赁须采取招标、拍卖方式进行；在条件达不到的情况下，采用协议出租的方式进行。租赁用地的时限根据地上建筑物使用时限进行确定，短期使用的建筑物须采用短期租赁，长期使用的建筑物则采用长期租赁。租赁的价格须根据地价标准进行全额折算且不能低于国家规定的最低地价折算价格，土地租金收入纳入地方基金预算管理中进行专项安排。

项目建成后，经土地管理部门同意，可将土地使用权进行转租、转让或抵押。租赁双方须在租赁合同中就出租方、承租方、出租宗地的位置、范围、面积、用途、租赁期限、土地使用条件、土地租金标准、支付时间等事项做出明确约定，且期限超过 6 个月的，合同须同地方土地管理部门直接进行签署[①]。出租土地主要流程如图 4-4 所示。

---

① 见《规范国有土地租赁若干意见》（国土资发〔1999〕222 号）。

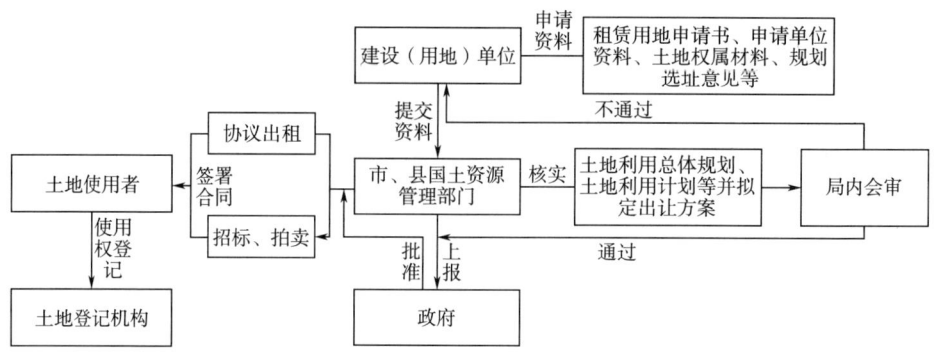

图 4-4 出租土地主要流程示意图

资料来源：本研究整理

2. 出租土地权属问题及限制

PPP 项目通过租赁方式获得建设用地时，一般会面临租赁周期和资产移交的风险。

根据我国现行合同法的规定，租赁期限不得超过 20 年，但复杂类或大型 PPP 项目全生命周期往往超过 20 年，因此，社会资本方只能先行签署 20 年土地租赁合同，待租赁合同到期后再续签。直接签署超过 20 年协议，超过部分时限将被认为无效，对双方都存在较大风险。同时土地续租双方无法预测租金标准，将导致项目成本超出预算，无法有效控制政府支出。

3. 案例分析——海口桂林洋国家热带农业公园 PPP（一期）项目

（1）项目概况

项目位于海口桂林洋经济开发区中部，北距东海岸约 1 公里，南到美兰国际机场约 5 公里，西距海口市中心约 10 公里。

项目包含 12 个子项目，分别为：①北入口公共服务中心项目；②西（次）入口游客服务中心项目；③农业梦工厂及配套工程项目（包括高效农业智能玻璃温室、能源中心及雨水回收利用系统、农业梦工厂防台设施以及热带果园及景观配套工程），其中农业生态乐园棚内精装修投入及运营由中选社会资本自投，不在本项目合作范围内；④梦工厂北侧生态停车场项目；⑤起步区配套市政道路项目；⑥兴洋大道桥涵、赛马桥拆除及重建工程项目；⑦兴洋大道雨污水管网清淤及改造工程项目；⑧灵桂干渠工程（一期）项目；⑨市政配套给水、供电线路及设施项目（包括兴洋大道电力迁建线路、一期外线工程以及供水管道工程）；⑩美丽乡村建设（高山村）项目；⑪兴洋大道改造工程项目；⑫"三通一平"场地平整工程项目。

项目批复总投资为 16.54 亿元，其中工程费用 11.82 亿元，工程建设其他费用 3.87 亿元，预备费用 8 431.14 万元。项目合作期 21 年，其中建设期 1 年，运营期 20 年。

（2）交易结构

本项目为准经营性项目，经海口市人民政府同意后，项目公司可将各子项目建设内容包含的可经营部分用于商业经营，获得经营收入。因此，采用"使用者付费+可行性缺口补贴"的方式，由桂林洋开发区根据绩效考核结果向项目公司支付全部投资及基础设施部分的运维成本，项目公司作为项目建设内容的使用者向桂林洋开发区缴纳可经营部分的场地租赁费以及准经营性项目的土地租赁费，同时海口市人民政府、桂林洋开发区、桂林洋农场不参与项目公司商业经营部分的利润分红，亦不承担经营亏损。

（3）合作模式

本项目采用 BOT（建设-运营-移交）模式进行运作。项目公司负责项目的投融资、建设、运营维护及移交等工作。

通过公开招标方式确定的中选社会资本与政府出资代表共同成立项目公司，海口市人民政府授权桂林洋开发区作为实施机构与项目公司签署《PPP项目合同》，由项目公司负责本项目的投资、建设、运营维护及合作期满移交等工作。

（4）项目用地

本项目属于旅游+休闲农业类项目，项目涉及的面积较大，土地较为复杂。主要涉及基础设施用地、经营性用地、农业用地。用于基础设施部分建设的通过无偿划拨方式提供给项目公司使用，经营性项目的用地由项目公司通过土地招拍挂交易程序获得，项目农业用地及可经营部分的场地采用租赁的方式获取。由于本项目的农用地为国有农用地属性，权属在海口市桂林洋农场[①]（以下简称：桂林洋农场）名下，由海口市人民政府协调桂林洋农场与项目公司签署农用地使用权租赁协议，约定项目公司向桂林洋农场交纳土地租赁成本，作为本项目成本组成的一部分。

本项目土地的供应区域较大且用地性质不同，土地获取采用的是划拨、招拍挂交易与租赁的方式，满足财金〔2016〕91号文指出的在实施建设用地供应时，不得直接以PPP项目为单位打包或成片供应土地，应当依据区域控制性详细规划确定的各宗地范围、用途和规划建设条件，分别确定各宗地的供应方式。项目建设用地由海口市桂林洋农场负责征收，农业用地由农场负责从职工手中租赁，农业公园内涉及的农业种植可不必改变土地的性质，涉

---

① 海口市桂林洋农场现已更名为海口桂林洋投资发展控股有限公司，由海口市桂林洋管理委员会全资控股。

及建设的用地需由地方政府调整土地利用规划，转变土地性质。桂林洋农场作为项目的出资代表，同时作为项目用地区域内农业集体用地的使用者，极大地加快了项目的实施推进。项目根据土地利用规划及土地性质确定不同用地的供应方式，在满足政策要求的同时，解决了项目土地使用区块合理有效利用的问题。

（四）作价入股方式供应PPP项目用地

1. 土地作价入股流程与条件

作价入股的土地需满足相关规划，且使用权上不应存在抵押等权利负担。以划拨土地使用权出资的，须申请办理土地使用权出让手续后才能作为股权出资。作价入股前土地需要委托具有相关土地价格评估资质的公司评估土地使用权的价值，根据土地使用价值确定股权比例，目前土地作价入股的主要流程如图4-5所示。

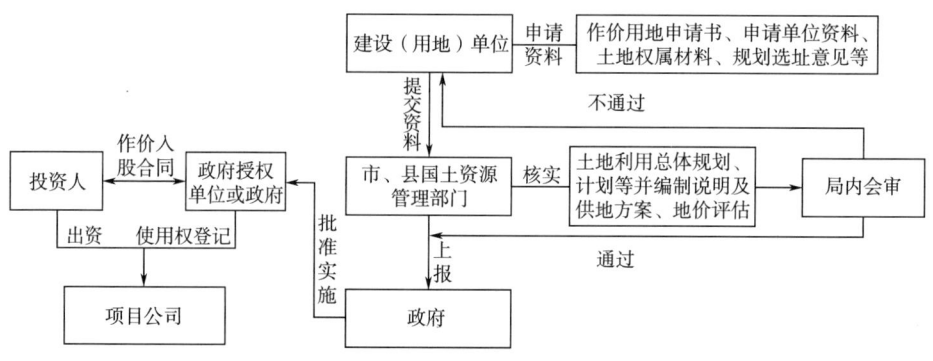

图4-5 土地作价入股流程示意图

资料来源：本研究整理

2. 土地作价入股权属问题及限制

土地评估价值作为政府股权注入项目公司，土地使用权作为股权须登记于项目公司的名下，故土地使用权为项目公司所有。土地作价入股作为土地有偿使用的备选方式，其相关约束性条件并不完善，作价入股的规范性并不强，无具体指导意见。而作价入股需得到县、市政府批准后方能实施，使地方政府需要承担一定的合规性等风险，降低了地方政府采用作价入股的积极性。PPP项目一般为长周期项目，不低于10年的合作期，实施过程中由于土地价值随着时间的增长，作价入股的股权与土地的价值存在不匹配的风险；实施过程中是否造成国有资产流失，也无判断依据，存在较大风险，因此在实际操作中极少采用此种方式。

3. 案例分析——广东省肇庆市高要区西江国际未来科技城 PPP 项目

（1）项目概况

西江国际未来科技城项目规划区域以东靠烂柯山、南抵广昆高速（城区南界）及白土镇南、西至天资工业园西界、北至西江，总面积 128 平方千米范围作为"西江国际未来科技城"统筹规划区域，同时作为申报省级、国家级开发区及未来科技城（中组部、国资委评审）的空间载体。

项目的合作范围为启动区项目，包括金渡二期、天资工业园、江滨新城约 1.84 万亩土地的土地整理投资工作（含可建设用地约 5 301 亩）、产业厂房及产业配套建设、公共服务等建设，以及其他区域有条件实施的基础设施、公共服务、城市双修项目。

投资项目包括：园区前期规划及咨询服务，土地整理投资，PPP 范围内建设项目的工程总投资等，总投资约 198.31 亿元。

（2）交易结构

采用片区综合开发 PPP 模式，对启动区进行整体打造和综合开发，将列入启动区的各单个子项目整体打包，由区政府指定的政府实施机构，通过公开招标方式确定社会投资人，与政府方出资代表按股比共同出资组建项目公司，负责策划、规划、咨询、设计、融资、建设、维护、招商、运营等一体化服务，期满将政府付费范围内资产无偿移交政府指定机构。

（3）合作模式

在合作期内，项目公司以"政府指导、企业主导、市场化运作"机制，按共同规划、共同招商、利益共享、风险共担的原则，对启动区进行整体开发运营。由政府根据不同项目的性质和 PPP 公司运营服务的范围，基于绩效考核支付可用性服务费、运维绩效服务费、可行性缺口补助等费用，以平衡社会资本的建设成本、运营成本和合理收益，这些费用将纳入政府的跨年度财政规划。

政府实施机构与中标社会投资人签订 PPP 协议后，按协议约定成立项目公司，项目公司通过为政府规划部门提供规划咨询服务的方式参与规划设计工作，提供"设计"服务。

规划通过政府批准后，项目公司开展土地整理、基础设施和公共设施建设，即提供"建设"服务，构建城市发展的空间载体，为园区招商引资奠定基础。施工建设采用工程总承包建设方式，招标确定社会投资人的同时确定工程总承包单位，社会投资人中具有相应资质的股东即为工程总承包单位。

招商工作由政府委托 PPP 项目公司在启动区范围内全面开展，按照"企业主导、政府配合"的原则，由项目公司提供招商引资及落地后的产业发展等一揽子服务。同时，项目公司负责运营园区建成的各类基础设施和公共设施的运营维护，并提供各类公共服务。这两部分服务共同构成了园区"运营"服务。

在协议到期时，项目公司将 PPP 建设范围内各类基础设施、公共设施、产业厂房及配套等移交给政府，也不再有义务为园区企业提供产业运营服务，即完成"移交"流程。

（4）项目用地

本项目的建设用地涉及产业配套、公共服务、基础设施及城市双修等约为 5 301 亩。由于项目的供地面积较大，涉及用地性质较多，不能进行打包或成片的供地，根据土地性质确定的供地方式符合财金〔2016〕91 号文要求，本项目根据规划及土地用途进行供地。其中符合基础设施类及公益性质的项目，采用无偿划拨的方式由政府方职能部门获取土地，交由项目公司无偿使用；商业性质用地通过招拍挂的方式获取土地。本项目中涉及的科技孵化、标准厂房类项目用地，政府采用作价入股的方式进行供地，项目方式符合《关于扩大国有土地有偿使用范围的意见》（国土资规〔2016〕20 号）相关规定。本项目部分用地采用作价入股的方式出资，不仅为政府方解决了股本资金的问题，节省了大量前期投入资金，而且是对政府土地资源的合理化使用，有效地盘活了土地资源。

## （五）流转方式供应 PPP 项目用地

1. 土地流转的适用范围

根据现行政策，目前可流转的土地主要为农村土地、村民承包用地和农村集体建设用地的使用权，流转范围主要为：①村庄、集镇、建制镇中的农民集体所有建设用地使用权[1]。②农民集体所有和国家所有，依法由农民集体使用的耕地、林地、草地以及其他依法用于农业的土地。③通过招标、拍卖和公开协商等方式承包荒山、荒沟、荒丘、荒滩等农村土地，经依法登记取得农村土地承包经营权证的[2]。

2. 土地流转流程与条件

流转用地须符合规划，且流转前的权属必须清晰，流转后不能改变土地的性质及其农业用途，流转的年限不能超过土地承包人的承包年限。土地流转的方式由承包人选择，目前流转方式过于单一，多是以协商方式进行确定。

---

[1] 见《国务院关于深化改革严格土地管理的决定》（国发〔2004〕28 号）。
[2] 见《中华人民共和国农村土地承包法》。

农村土地流转主要为经营权的流转，流转方式如图4-6所示：

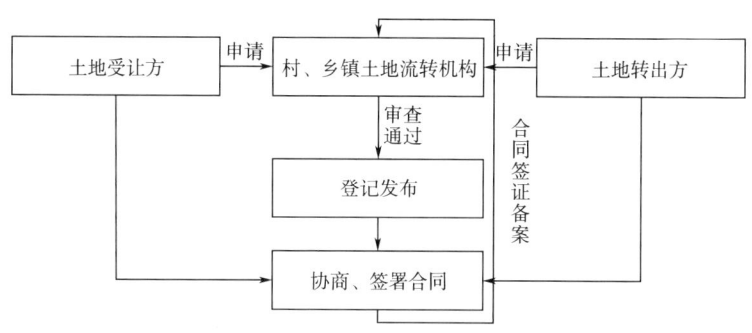

**图4-6 集体用地流转示意图**

资料来源：本研究整理

3. 土地流转权属问题及限制

目前我国可流转土地基本为农用地，农用地所有权归村集体所有。农户只拥有土地的承包权及经营权，当土地流转至受让方时，受让方获取的土地权利为承包权及经营权，土地所有权仍归集体所有。流转后农地上不能建设或变相建设旅游度假村、高尔夫球场、别墅、私人会所等，不可破坏农田基础设施，不可将耕地非农化[①]。

4. 案例分析——阜阳市颍东区现代农业科技园PPP项目

（1）项目概况

本项目用地约798.9亩，拟建设展示生产智能化玻璃温室1栋，面积11.46万平方米；观光采摘玻璃温室1栋，面积为18 986平方米；装配式日光温室45栋，面积44 770平方米；8米育苗联栋薄膜温室4栋，面积41 568平方米；生产联栋薄膜温室49 290平方米；游客接待中心300平方米；冷链物流分拣包装控制中心6 638平方米；正压通风1 200平方米及园区配套工程等。

项目建设投资2.53亿元，其中，智能化玻璃温室（种植区）1.24亿元，观光采摘玻璃温室2 202.09万元，生产联栋薄膜温室1 454.06万元，育苗联栋薄膜温室1 751.12万元，装配式日光温室1 580.38万元，游客接待中心30万元，冷链物流分拣包装控制中心1 009.46万元，正压通风1 217.12万元，园区配套工程建设3 688.35万元。

---

① 中共中央办公厅、国务院办公厅《关于引导农村土地经营权有序流转发展农业适度规模经营的意见》。

(2) 交易结构

本项目中，项目公司的回报来自使用者付费和政府可行性缺口补助相结合的方式，项目公司完成本项目的投资、建设并经验收合格后，开展农业生产经营，对外销售农业产品，取得销售收入，即使用者付费，其余部分由政府支付可行性缺口补助。

(3) 合作模式

本项目采用DBFOT（设计-建造-投资-经营-移交）的PPP项目运作方式，由社会资本负责设计、建设、投融资、运营，由颍东区人民政府授权颍东区农业委员会作为本项目的实施机构。颍东区农业委员会负责通过公开采购的方式选取社会投资人与政府方授权的出资代表——阜阳裕东农业科技发展有限公司，成立项目公司。运营期结束后项目公司将项目资产无偿移交给政府指定部门。

(4) 项目用地

本项目涉及农用地的流转，此部分用地由政府方负责前期的协调及流转手续的办理，由社会资本方负责确定本项目的建设方案等内容，并与地方乡镇政府及农村集体经济组织就建设方案中的合作年限、土地用途及土地复垦等协商。项目建设需要满足相关的集体用地、农用地等国家相关政策，土地的性质不能发生转变，协商一致后进行公示。公示无异议后，由社会资本方征得承包户的同意后，与承包户签订土地流转合同，同时与乡镇政府及农村集体经济组织签订协议用地合同。协议签署完成，由乡政府将项目的建设方案、用地协议等报上级国土部门及农业部门备案审核，不满足农用地政策要求的不得动工建设。

因土地流转主要涉及农用地的经营权流转，流转土地的条件限制要求较高，流转用地涉及的主体较多，如农户、集体经济组织、村镇政府、县市等国土主管部门，操作繁杂及用地获取的风险高，故此类项目很少实施。

## 二、土地资源配置在PPP项目中的应用

在财政部和发改委文件中都可以看到加强PPP项目土地资源配置的文件。发改投资〔2014〕2724号文提出"依法依规为准经营性、非经营性项目配置土地、物业、广告等经营资源，为稳定投资回报、吸引社会投资创造条件"，财金〔2016〕91号文明确"依法需要以招标、拍卖、挂牌方式供应土地使用权的宗地或地块，在市、县国土资源主管部门编制供地方案、签订宗地出让（出租）合同、开展用地供后监管的前提下，可将通过竞争方式确定项目投资

方和用地者的环节合并实施"。上述文件出台后,大量社会资本及地方政府开始探索经营性用地与 PPP 项目整体实施的路径和方法,希望通过经营性项目用地的土地出让收入冲抵 PPP 项目的政府支出责任。

该操作思路是通过对公益性 PPP 项目配置具有经营价值的土地资源,实现降低政府支付责任,即通过对 PPP 项目实施土地资源配置,实现对 PPP 项目投资人经营利益的补偿。下文将通过补偿资源来实施项目的方式统称为"资源配置"。

(一) 对"资源配置"的阐释

1. "资源配置"提法的由来及理解

我国最早出现"资源配置"类概念时使用的称谓是"资源补偿"。"资源补偿"模式由刘方强、周心愿[①]最早提出,具体含义为:对建成后虽有收费机制,但其收入还不足以平衡投入而难以收回全部成本的准经营性基础设施项目,政府部门通过特许权协议,授权项目公司进行基础设施项目的融资、设计、建造、经营和维护,在特许期内向该项目的使用者收取适当费用,以便收回项目部分的投资、经营、维护等成本,特许期满后项目公司将项目无偿移交给政府。同时,政府以对项目投资进行补偿的方式给项目公司提供一定的资源(如土地、矿产等)进行高收益项目的建设和经营,以确保项目投资者获取合理回报,从而调动投资者的积极性。

在上述研究中,"资源配置"的主要目的是针对公益类项目或使用者付费很少的项目,通过匹配经营性项目,以经营性项目的收益权或土地的抵质押方式进行项目融资,从而实现公益性项目投资与收益的平衡。

可用于"资源配置"的经营性项目如前述研究中提及,包含经营性项目、土地、矿产等;而在城市开发建设中,如住宅、商业、工业用地是地方政府最大的资源,因此土地成为"资源配置"中的首选。

2. "资源配置"的优点

(1) 不增加政府债务,降低财政负担

采用"资源配置"模式建设基础设施项目,其建设资金由投资者筹集,政府不需要提供资金也无须提供担保,不增加政府债务,降低政府财政负担。

(2) 易于项目融资

由于有经营性项目或土地,项目整体价值更容易得到金融机构认可,从而实现项目融资,并降低投资企业的自有资金使用比例。

---

① 刘方强、周心愿:《RCP 项目融资模式解析》,《建筑经济》,2008 年第 3 期(总第 305 期)。

（3）吸引投资的有效手段

以高收益的资源项目作为补偿，能保证投资者合理的投资回报，吸引投资者参与基础设施项目投资，弥补政府建设投入的不足。

3. "资源配置"的政策认可

国家发展改革委等11部委《关于公布第三批国家新型城镇化综合试点地区名单的通知》（发改规划〔2016〕2489号）中的《附件2 第三批国家新型城镇化综合试点工作方案要点》提出："试点推行城镇整体开发模式，将新增建设用地规模与城镇化任务、改善生态环境等捆绑挂钩，市政设施与经营性用地资源捆绑，从单一项目平衡转为区域平衡。"

另外，各地方政策中也有支持项目采用"资源配置"方式实施的相关描述。如河南省郑州市人民政府关于推广运用政府和社会资本合作（PPP）模式的实施意见（郑政〔2015〕28号）提出："基本无经营性收入的公益性项目。如义务教育和基本医疗等基本公共服务、普通公路、城市道路、桥梁、隧道、垃圾转运站、水库等，可以采取政府购买服务、土地和物业捆绑开发等方式开展合作。"又如福建省《三明市人民政府关于鼓励和引导社会资本参与基础设施等领域建设的实施意见》（明政〔2015〕2号）提出："普通公路、城市道路、桥梁、隧道、垃圾转运站等，可以采取投资人代建、政府购买服务、土地和物业捆绑开发等方式开展合作。"

4. "资源配置"实施的约束性

从土地"资源配置"的实施逻辑及优点看，似乎该模式具有很强的操作性。但根据目前我国土地管理的相关法律法规来看，该模式可操作空间很小。

按我国现行土地管理制度规定，经营性项目的用地必须采用招拍挂方式取得，政府通过市场手段控制行业合理收益水平，同时收取土地出让收入。通过"资源配置"的方式降低政府支出责任，并非使用经营性项目的合理收益弥补公益类项目，而是通过降低企业须缴纳的土地出让收入实现，即使用土地出让收入冲抵公益性项目的政府支出责任。

然而，2006年12月财政部颁布的《国有土地使用权出让收支管理办法》（财综〔2006〕68号）中明确指出，任何地区、部门和单位都不得以"招商引资""旧城改造""国有企业改制"等各种名义减免土地出让价款，实行"零地价"，甚至"负地价"，或者以土地换项目、先征后返、补贴等形式变相减免土地出让价款。此外，2014年《节约集约利用土地规定》（国土资源部第61号令）中明确"禁止以土地换项目、先征后返、补贴、奖励等形式变相减免土地出让价款"。可见，我国在土地管理机制方面强调"收支两条线"，即禁止以任何形式减免土地出让价款。

因此，"资源配置"中使用政府应收的经营性用地的土地出让收入来抵扣政府对公益性项目的支出责任与现行政策背道而驰。

(二) 经营性项目及用地在 PPP 项目中应用的问题

1. 项目实际操作层面政策不明晰

从政策层面来看，财金〔2016〕91号文提出，PPP 项目采购可与土地竞标同步实施，然而财政及国土资源部门强调"禁止以任何形式减免土地出让金"。因此，当前的政策并没有针对 PPP 项目在用地问题上做出特殊的规定，也没有针对"同步实施"的具体实施细则。

在实施层面，公益性项目与经营性项目捆绑实施的最初设想就是"肥瘦搭配"，通过经营性项目或土地使用价值反哺公益性项目，但当涉及相关土地的取得时，却缺乏土地管理法规方面的支持依据。

2. 资产价值变化带来的补偿争议

我国目前仍处在城镇化快速发展阶段，城乡经营性资产特别是土地资产增值较快，由此造成在项目前期难以对土地资产价值进行精确评估。随着地区城镇化建设，土地等经营性资产的超额增值将为政府和社会资本的合作带来隐患。

3. PPP 合作的长期性与"资源配置"短期效益的矛盾

PPP 项目的长周期绩效考核要求与"资源配置"部分价值短周期实现存在矛盾。财政部对 PPP 项目合作周期要求原则性不少于 10 年，强调项目在全生命周期的运营管理。为了保证项目合作周期内社会资本方的运营绩效水平，政府在支付社会资本报酬时采用分年度平滑支付的方式，目的是避免社会资本提前取得经济效益后降低服务水平。

然而，"资源配置"中的土地、经营性项目资产通常在短周期内可形成经济效益，使社会资本方回收全部或大部分投入，最终导致公益性项目服务品质的下降。因此，此类项目须进行合理模式设计和条件设置，以实现 PPP 项目全生命周期与"资源配置"项目收益周期相匹配。

# 第五章　政府性基金从PPP项目支付责任中的剥离

政府性基金预算作为我国社会主义财政的一种特有载体形式，反映了政府性基金项目收支情况的预算，是国家管理政府性基金项目的直接工具。政府性基金收入作为地方财政收入的重要组成部分，可以作为地方政府开展PPP项目的资金来源。

## 一、政府性基金预算收入的构成和支出原理

### （一）土地出让金是政府性基金预算收入的主要构成

1. 政府性基金预算的收入组成和收入结构

政府性基金预算是依照法律、行政法规的规定，在一定期限内向特定对象征收、收取或者以其他方式筹集的资金，专项用于特定公共事业发展的收支预算。

2014年，我国地方政府性基金收入共有31项，2015年共有25项，2016年共有20项，2017年共有17项，2018年为17项，2019年为15项，见表5-1。

表5-1　2019年地方政府性基金收入决算表

| 序号 | 项目 | 预算数（亿元） | 决算数（亿元） | 决算数为预算数的% | 决算数为上年决算数的% |
|---|---|---|---|---|---|
| 1 | 地方农网还贷资金收入 | 42.95 | 48.83 | 113.7 | 121.1 |
| 2 | 海南省高等级公路车辆通行附加费收入 | 26.33 | 24.83 | 94.3 | 102.3 |
| 3 | 港口建设费收入 | 49.36 | 48.37 | 98.0 | 103.8 |
| 4 | 国家电影事业发展专项资金收入 | 20.11 | 18.30 | 91.0 | 103.7 |
| 5 | 国有土地使用权出让金收入 | 64 728.69 | 70 631.06 | 109.1 | 112.3 |
| 6 | 国有土地收益基金收入 | 2 092.45 | 1 764.40 | 84.3 | 86.3 |
| 7 | 农业土地开发资金收入 | 256.25 | 185.02 | 72.2 | 74.3 |

续表

| 序号 | 项目 | 预算数（亿元） | 决算数（亿元） | 决算数为预算数的% | 决算数为上年决算数的% |
|---|---|---|---|---|---|
| 8 | 彩票公益金收入 | 706.27 | 595.16 | 84.3 | 89.0 |
| 9 | 城市基础设施配套费收入 | 2 769.96 | 2 744.86 | 99.1 | 108.8 |
| 10 | 地方水库移民扶持基金收入 | 56.98 | 55.20 | 96.9 | 100.1 |
| 11 | 国家重大水利工程建设基金收入 | 57.23 | 58.88 | 102.9 | 82.6 |
| 12 | 车辆通行费收入 | 1 498.89 | 1 434.11 | 95.7 | 96.7 |
| 13 | 彩票发行和销售机构业务费收入 | 183.55 | 155.23 | 84.6 | 89.9 |
| 14 | 污水处理费收入 | 596.54 | 602.13 | 100.9 | 111.7 |
| 15 | 其他政府性基金收入 | 669.00 | 2 111.56 | 315.6 | 333.6 |
| A | 地方政府性基金本级收入（1~15项合计） | 73 754.56 | 80 477.94 | 109.1 | 112.6 |
| B | 中央政府性基金转移支付 | 1 151.61 | 1 065.45 | 92.5 | 114.3 |
| C | 地方政府性基金收入 | 74 906.17 | 81 543.39 | 108.9 | 112.7 |
| D | 地方政府专项债券收入 | 21 500.00 | 21 500.00 | 100.0 | 159.3 |

结合历年财政部公布的数据，在地方政府性基金收入中，基金项数目在逐年减少。其中，国有土地使用权出让金收入占了绝大部分的份额，2019年占比87.76%，为历年最高值，其次为城市基础设施配套费收入，占比为4.28%，国有土地收益基金收入为3.23%，该三项占比为95.27%。其余12项占比仅为4.73%。

2. 短期内土地出让收入仍是政府基金性收入的主要来源

国有土地使用权出让金收入反映在以招标、拍卖、挂牌、协议等方式出让国有土地使用权所确定的成交价款，应支付的征地拆迁补偿等成本性支出须从中安排。新增建设用地土地有偿使用费收入、国有土地使用权出让金收入、国有土地收益基金收入、农业土地开发资金收入等这四项与土地收益相关联的广义政府性基金项目，一般统称为"土地类政府性基金"，其资金规模巨大，主要存在于各级地方政府财政中。

（二）政府性基金预算收入在各层级政府中的分配和使用

在财金10号文《财政部关于推进政府和社会资本合作规范发展的实施意见》发布前，政府基金预算收入对PPP项目资金来源起到了重要的补充作用。根据《财政部对十二届全国人大五次会议第2587号建议的答复》（以下称"财金〔2017〕2587号答复"），关于调整PPP项目财政承受能力论证方式的建议所做出的答复中指出：10%"上限"控制的仅是需要从一般公共预算中安排的支出责任，并不包括政府从其他基金预算或以土地、无形资产等投入的部分。因此，针对存量PPP项目，政府性基金预算不仅可以根据基金的用途支持PPP项目，同时也不受10%红线限制。在众多地市中一般公共预算10%的额度已基本用完，而国有土地使用权出让收入在基金预算收入构成中占了较大比例，因此利用土地出让收入支持PPP项目就成了必然选择。

1. 中央对地方政府性基金预算收入的计提要求

在我国土地管理制度中，中央针对国有土地使用权出让收入设置了多项专项基金和资金计提，分别是国有土地收益基金、农业土地开发资金、农田水利建设资金、教育资金、保障性安居工程资金和新增建设用地土地有偿使用费。根据各省情况不同，中央国库和省国库约计提土地出让收入的15%至25%不等。

2. 地方政府性基金预算管理机制和特点

政府性基金实行中央一级审批制度，遵循统一领导、分级管理的原则。政府性基金属于政府非税收入，全额纳入财政预算，实行"收支两条线"[①]管理。

财政部负责制定全国政府性基金征收使用管理政策和制度，审批、管理和监督全国政府性基金，编制中央政府性基金预决算草案，汇总全国政府性基金预决算草案。

地方各级财政部门负责地方政府性基金的征收使用管理和监督，以及编制本级政府性基金预决算草案。政府性基金征收部门和单位负责政府性基金的具体征收工作。政府性基金使用部门和单位负责编制涉及本部门和单位的有关政府性基金收支预算和决算。财政、审计部门监督检查征收、使用、管理等工作。政府性基金预算编制遵循"以收定支、专款专用、收支平衡、结余结转下年安排使用"的原则。政府性基金支出根据政府性基金收入情况安排，自求平衡，不编制赤字预算。

(三)"以收定支"的基金预算管理原则

1. "以收定支"是政府性基金预算的基本原理

以收定支是指地方政府根据中央核定的收入留成率，确定地方预算支出数，实现当年收支平衡。以收定支的实质是一种量入为出的理财观，强调以收入来安排预算支出，财政支出依托于收入。我国财政历来奉行的是稳健的政策，因此，"以收定支"的财政体系符合我国的历史大背景。

"以收定支、专款专用、结余结转使用"的政府性基金管理原则，是指基金支出根据基金收入情况安排，自求平衡，不编制赤字预算。当年基金预算收入不足的，可使用以前年度结余资金安排支出；当年基金预算收入超出预

---

① 见财政部《关于深化收支两条线改革进一步加强财政管理的意见》。

算支出的，结余资金结转下年继续安排使用。各项基金按规定用途安排，不得剂使用。

2. 基金预算支出调整机制

政府性基金预算的编制原则是根据功能分类按项编制，当年未按预算支出部分，结转至下一年继续使用。对连续两年及以上预算执行率达不到80%的基金支出项目，其累计结余资金可调剂用于其他同类项目。超额结转资金统筹调入一般公共预算：任一年度结转资金规模超出该项基金当年收入30%的，应调入一般公共预算统筹使用。

## 二、政府性基金预算支出科目设置对存量PPP项目的支撑

（一）财政预算科目规定

1. 对征地拆迁资本性支出的规定

《土地储备资金财务管理办法》（财综〔2018〕8号）对于土地储备资金财务收支活动进行了如下规定。

第十九条：土地储备机构从财政部门拨付的土地出让收入中安排用于征地和拆迁补偿、土地开发等的支出；第二十条：土地储备机构从国有土地收益基金收入中安排用于土地储备的支出。

政府性基金预算收支科目，按照支出功能如表5-2所示进行分类。

表5-2 政府收支分类科目支出功能分类表

| 科目编码 | | | 科目名称 |
|---|---|---|---|
| 类 | 款 | 项 | |
| 212 | | | 城乡社区支出 |
| | 08 | | 国有土地使用权出让收入及对应专项债务收入安排的支出 |
| | | 01 | 征地和拆迁补偿支出 |
| | | 02 | 土地开发支出 |
| 310 | | | 资本性支出 |
| | 05 | | 基础设施建设 |
| | 09 | | 土地补偿 |
| | 10 | | 安置补助 |
| | 11 | | 地上附着物和青苗补偿 |
| | 12 | | 拆迁补偿 |

资料来源：《2019年政府收支分类科目》

2. 对储备土地前期开发费用支付的规定

2016年财政部等四机构《关于规范土地储备和资金管理等相关问题的通知》规定，土地储备资金的用途包括：征收、收购、优先购买或收回土地后进行必要的前期土地开发费用。储备土地的前期开发，仅限于与储备宗地相关的道路、供水、供电、供气、排水、通信、照明、绿化、土地平整等基础设施建设。

3. 对土地储备有关的其他费用支付的规定

根据《土地储备资金财务管理办法》（财综〔2018〕8号）第八条第三款，"土地储备资金还可用于按照财政部关于规范土地储备和资金管理的规定需要偿还的土地储备存量贷款本金和利息支出以及经同级财政部门批准的与土地储备有关的其他费用"。包括，土地储备工作中发生的地籍调查、土地登记、地价评估以及管护中围栏、围墙建设等支出。

（二）政府性基金预算支出方向的限制

《国务院办公厅关于规范国有土地使用权出让收支管理的通知》（国办发〔2006〕100号）对于土地出让收入使用范围进行了明确的规定。土地出让收入使用范围：①征地和拆迁补偿支出。包括土地补偿费、安置补助费、地上附着物和青苗补偿费、拆迁补偿费。②土地开发支出。包括前期土地开发性支出以及按照财政部门规定与前期土地开发相关的费用等。③支农支出。包括计提农业土地开发资金、补助被征地农民社会保障支出、保持被征地农民原有生活水平补贴支出以及农村基础设施建设支出。④城市建设支出。包括完善国有土地使用功能的配套设施建设支出以及城市基础设施建设支出。⑤其他支出。包括土地出让业务费、缴纳新增建设用地土地有偿使用费、计提国有土地收益基金，依法提高征地补偿标准。

（三）案例分析——惠州南站片区开发PPP项目

1. 投资内容

本项目占地面积约为16.39平方公里。本项目工程内容包括市政基础设施建设工程、公共基础设施建设工程、河道整治工程、公园升级改造工程、高压线迁改工程、地下综合管廊建设工程和土地整理工程，项目总投资约78亿元。

2. 运作模式

惠州南站片区开发PPP项目合作期限为15年，其中建设期7年，运营期8年。综合考虑项目的回报机制、项目投资收益水平、风险分配基本框架、融资需求等因素，项目作为新建项目采取DBFOT的运作方式，项目公司具体负责项目工程（含道路工程、管线工程、交通工程、照明工程、绿化工程及其他附属工程）、设计（优化设计）、投资、融资、建设、运营维护、移交等，政府为基于可用性绩效指标的公共产品和基于运维绩效指标的公共服务付费，合作期届满，项目公司将项目无偿移交给惠州市惠阳区人民政府。

3. 回报机制

由于本合作项目属于非经营性项目，最终决定采用"政府付费"的回报机制。具体而言，本项目按照"基于可用性的绩效合同"方式，由政府向项目公司购买本项目可用性（符合验收标准的公共产品）以及为维持本项目可用性所需的运营维护服务（符合绩效要求的公共服务），即政府根据绩效考核情况向社会资本方支付可用性服务费和运营绩效服务费。

4. 结论

根据《财政部关于在公共服务领域深入推进政府和社会资本合作工作的通知》（财金〔2016〕90号）可知："对于政府性基金预算，可在符合政策方向和相关规定的前提下，统筹用于支持PPP项目。"经论证，该项目所属市政基础设施建设及土地整理内容，符合政府基金预算支出要求。惠阳区人民政府将该项目可用性服务费支出纳入惠阳区年度政府性基金预算支出计划、中长期财政规划和政府财务报告，并取得惠阳区人大的批复文件或决议。

# 第六章 土地类政府性基金在综合开发类PPP项目中的应用

我国城镇综合开发建设历史悠久，但在相关实践活动中，尚未完善建立项目平衡机制与风险管理体系。在项目资金平衡方面，对土地出让金收入依赖程度依然较高，与城镇综合开发中重大基础设施及重大公共服务设施建设的巨额资金需要存在一定矛盾。在项目风险管理方面，当进行PPP管理构架设计时，应更充分结合项目自身情况和参与方的风险收益偏好，设计和完善项目风险管理构架。

## 一、城镇综合开发类项目的发展历程

### （一）央企及大型国企积极参与，依法履约助力城镇综合开发

新城整体建设开发涉及政府与企业双方如何协同合作，以及如何实现"风险共担，利益共享"等问题。参与城镇综合开发的企业一般为央企及大型国企。不同于过去政府主导城市开发的传统做法，政企协同合作要求投资企业打破只做园区房地产开发项目的惯性思维。城镇综合开发发展到由央企及大型国企参与的合作开发阶段，是从单独的政府行为转化为政府和企业合作的市场化行为。在城镇综合开发过程中，地方政府与央企或大型国企签订新城整体建设开发合作协议，并交由企业负责该区域内一级开发投资。通过协议约定政企双方在土地一级开发合作中的投资边界、具体事权以及企业的赢利模式等。但因在合作协议执行过程中，缺少动态管理和细节管控，通常不能解决城市开发项目的复杂性问题。投资企业在开展具体城市开发工作中，应开放视野，在原有基础上向前、后两端延伸，加大智力和资本投入，充分发挥央企及国企的带头作用，追求更好的城市建设成果。

### （二）借力融资平台供给城市建设资金，政府统筹大型项目开发

20世纪90年代是中国城镇化进程的关键期，分税制改革造成地方政府财

政收入减少,同时因城市建设任务重造成融资缺口巨大。政府融资平台在地方资金供给严重不足的情况下,发挥了城市建设资金供给方面的基础性功能,对社会经济发展的贡献不容忽视。政府融资平台在政府大型开发项目中发挥了重要作用,对地方经济社会发展影响显著。政府依托融资平台进行基础设施、公共服务设施等城市建设方面的融资由来已久,且在很长一段时间内,融资平台在数量、融资规模上发展迅猛,由于缺少管理监管制度,导致其负债规模急剧膨胀。

## 二、土地前期开发及其与 PPP 项目关联问题分析

（一）土地前期开发对城镇综合开发类 PPP 项目作用分析

1. 土地前期开发是基础设施和公共服务设施空间载体的建设基础

城镇综合开发类 PPP 项目主要针对项目区域实施全流程、一体化运营模式,由社会资本提供规划设计咨询、区域建设前期服务、基础设施建设、公共配套建设、产业发展服务和城市运营的"六位一体"统筹方案,将城镇综合开发作为一个完整的公共产品提供给企业和社会公众。

土地前期开发是城镇综合开发项目的首要工作。通常在土地前期开发中,首先需要筹集征地、拆迁补偿款,在完成征地拆迁后,才可以通过土地收储将土地性质变为国有用地,为项目后续基础设施及公共服务设施建设提供实施界面。

2. 土地前期开发是政府通过土地资源提升资信的基础

随着土储贷款的全面叫停,土地储备专项债券成为解决土地收储资金来源的主要方式,土地资源仍是未来各类合作模式的主要信用基础。

2017 年,财政部发布的《地方政府土地储备专项债券管理办法（试行）》明确规定以土地出让收入作为土地一级开发专项债务的主要还款来源,土地储备专项债券要以项目对应并纳入政府性基金预算管理的国有土地使用权出让收入或国有土地收益基金收入偿还的地方政府专项债券。

该办法还明确规定,土地储备专项债券的发行条件为有稳定的预期偿债资金来源,对应的政府性基金收入应能保障偿还债券本息、实现项目收益和融资自求平衡。

3. 土地前期开发是实现土地熟化、提升区域价值的基础

城镇综合开发类 PPP 项目开发周期长、合作期限长且投资巨大,经政府主导的土地熟化后,通过净地出让实现项目滚动开发,可大幅提高资金使用

效率，并有效提升区域价值。土地熟化工作一方面包括基础设施和公共服务的建设，另一方面也包含了对区域产业发展引擎的导入和打造，使区域规划落地可预期，产业集聚可实现，将有效提升区域投资价值。同时，"统筹规划、分期分批开发、滚动发展"的原则，将大幅提高资金周转效率和加大收益再投入力度，形成城镇综合开发类项目的可持续增长动力。

(二) 土地前期开发与城镇综合开发类PPP项目关联问题分析

1. 土地收储工作的职能划分与主体资格

土地储备机构是土地收储工作的唯一主体。土地储备工作只能由纳入名录管理的土地储备机构承担，各类城投公司等其他机构一律不得再从事新增土地储备工作。财金〔2016〕91号文第五条规定，PPP项目主体或其他社会资本不得作为项目主体参与土地收储和前期开发等工作，不得借未供应的土地进行融资。

依据我国政府采购法等相关规定，涉及安置补偿及土地看护工作的，可通过"竞争性谈判"的方式确认承接主体；涉及土地前期开发的，必须通过招标的方式确认承接主体。由于选定承接主体的程序不同，为保障项目实施，地方政府一般会预先进行市场测试，以顺利推进土地收储工作。

2. 土地一级开发工作的政策路径选择

土地一级开发，是指按照土地利用总体规划、城市总体规划及控制性详细规划和年度土地一级开发计划，对确定的存量国有土地、拟征用和农转用土地，统一组织进行征地、农转用、拆迁和市政道路等基础设施建设的行为。土地一级开发项目一般采取公开招标方式确定承接主体。

地方政府根据相关法定规划和专项供应计划，会同规划、国土、财政等主管部门组织编制土地一级开发年度计划，经土地储备联席会议审定后，报地方政府批准执行。

3. 将征地和拆迁工作纳入PPP的政策执行设想

征地和拆迁工作属于土地储备工作中的一部分，财综〔2018〕8号文关于土地储备资金来源提出了四个渠道，前三个渠道显然不符合城镇综合开发类项目资金来源，第四个渠道则为"经财政部门批准可用于土地储备的其他财政资金"。参照包括北京、上海、成都等地引入社会资本开展土地一级开发的政策法规，社会资本方提供资金是否可以被界定为"经财政部门批准可用于土地储备的其他财政资金"是核心问题，而从操作流程和经验来看这一设想是可行的。

## 三、政府性基金收入在存量 PPP 项目中的使用风险分析

（一）土地出让金使用方式与 PPP 项目平滑支付匹配风险

相关现行法规严格限定了土地收支两条线原则。存量 PPP 项目的政府付费和可行性缺口补助的支付来源，要求以财政列支，包括一般公共预算和政府基金预算。土地出让收入必须先进国库列入收入预算，然后再通过支出预算从国库支出。

结合政企合作风险分配机制及财政"以收定支"的管理机制，通常约定在区域形成新增财政收入后，返还企业成本及合理收益。即形成土地出让收入后再支付企业的土地开发前期投入。此操作可能形成不稳定的财政支出，与财政部强调 PPP 项目平滑支付存在一定出入。

（二）土地出让金支出管理与政府支出责任衔接风险

《国务院办公厅关于规范国有土地使用权出让收支管理的通知》（国办发〔2006〕100 号）对于土地出让收入使用范围进行了如下明确规定：①征地和拆迁补偿支出。包括土地补偿费、安置补助费、地上附着物和青苗补偿费、拆迁补偿费等。②土地开发支出。包括前期土地开发性支出以及按照财政部门规定与前期土地开发相关的费用等。③支农支出。包括计提农业土地开发资金、补助被征地农民社会保障支出、保持被征地农民原有生活水平补贴支出以及农村基础设施建设支出等。④城市建设支出。包括完善国有土地使用功能的配套设施建设支出以及城市基础设施建设支出等。⑤其他支出。包括土地出让业务费、缴纳新增建设用地土地有偿使用费、计提国有土地收益基金，依法提高征地补偿标准等。

城镇综合开发类项目是以土地利用为基础，以投融资作为手段，以绩效作为导向，是对于可开发地区的集中连片统筹开发，是新型城镇化建设和经济结构优化发展的重要手段。城镇综合开发存量 PPP 项目主要包括规划设计、土地整理投资、基础设施及公用设施建设，以及运营服务和产业发展五大内容。

因城镇综合开发类项目包含的子项目众多，而政府性基金预算受土地出让金支出科目的限制，不能完全覆盖所有子项目的政府支出责任，土地出让金支出科目与城镇综合开发类项目复杂性之间存在矛盾。

### (三) 土地出让金收入周期性特点与地方政府债务管理风险

我国地方政府的土地出让金收入具有周期性的特点，主要受以下因素影响。

一是由于存在政府行政主官任期，城市发展和土地利用也会受其周期性影响，通过影响土地出让计划和指标，造成效率降低；二是受土地出让结构影响，一般情况下，国内城市工业用地比例高、强度低，住宅用地比例低、强度高，区位条件、城市发展阶段和发展动机不同，也将影响地方政府土地出让结构配置和策略方式；三是受房地产市场及其他因素影响，随着中央对房地产调控政策的安排，土地出让表现出周期性特征。

上述原因造成地方政府土地出让金具有周期性。从土地收储到形成土地出让收入，周期短则一两年，长则五六年甚至更久。如果当期土地出让金收入低于项目当期支付责任，导致政府无法全额支付，则将形成政府债务。地方政府债务管理，要求加大土地出让金和财政周转金清理回收力度，用清理收回的出让金及周转金归还借入上级周转金和其他债务。从而造成土地出让金收入周期性与地方政府债务管理要求之间的矛盾。

### (四) 土地市场风险与社会资本方收益水平不匹配风险

从目前市场情况来看，PPP项目的收益水平基本在保本微利水平。

风险分担机制设计应遵循一项基本原则，就是承担的风险程度与所获得收益相匹配。风险和收益对等才能有效调动风险承担方的积极性。但在以土地出让收入作为PPP项目还款来源的情况下，由于政府方留存基金收入不足以支付政府支出责任部分的风险由社会资本方承担，在一定程度上讲，严格限制的低收益水平和超额收益分配机制与社会资本方所承担的因土地市场带来的重大风险形成较大矛盾。

### (五) 城镇综合开发类存量PPP项目的财政承受能力风险

由于在城镇综合开发类PPP项目可行性缺口补助来源中，土地出让收入占比较大，因此PPP项目财政承受能力评价也具备相应特点。

第一，财金10号文出台后，财政基金支出已无法作为新签约的PPP项目的运营补贴，只能依托一般公共预算解决，对于投资规模巨大的城镇综合开发类项目，全国也只有一些尚未开展PPP项目并且土地价值较高的政府有条件开展，并能满足财政承受能力要求。

第二，针对存量PPP项目，政府支付责任中符合土地出让收入支出方向的，可以政府性基金预算支出方式进行支付，其他绝大部分则以一般公共预算支出方式进行支付。政府性基金预算支出部分采用以收定支、专款专用的原则，以解决城镇综合开发类项目资金成本回收和回报问题。

第三，在存量 PPP 项目政府性基金预算支出过程中，平滑支付原则与土地市场周期性匹配的矛盾。城镇综合开发类项目与单体项目相比，难以实现财政平滑支付的原因在于：无法在项目整体层面设计等额本金、等额本息等支付方式，而是需要根据实际开发计划进行统筹安排，从而增加了项目计划和实施的复杂性。

（六）案例分析

1. 投资内容

湖北省团风县产业新城 PPP 项目占地面积约为 24.8 平方公里。本项目投资主要包括基础设施投资、公共服务设施投资、土地整理投资、运营维护费用、规划设计费等，项目总投资约 191 亿元。

2. 运作模式

中标企业或下属全资子公司设立专门从事合作区域开发建设经营的具有独立法人资格的项目公司（SPV）。项目公司作为投资开发主体，承担相应投资及费用，负责合作区域的投资、开发、建设、招商及运营一体化的区域开发综合性 PPP 模式市场运作，通过政府支付费用来收回投资并取得合理收益。

3. 回报机制（付费资金来源）

为保证政府付费资金来源，团风县政府承诺将合作区域内新产生的收入中地方留成可支配部分（即扣除上缴中央、湖北省部分后的收入，下同）按国家规定缴纳至地方财政后作为支付的资金来源，并列入每年财政预算。

合作区域内新产生的收入是指合作期限内、合作区域内单位与个人经营活动新产生的各类收入，主要包括税收收入（原有企业与单位原址产生的除外）和非税收入。

合作区域内的税收收入地方留成是指单位或个人缴纳的属于合作区域内（即：无论该单位或个人是否在合作区域进行登记注册，在合作区域内依法投资、建设、购销、转让、服务等一个或多个环节形成的，下同。但原有企业与单位原址产生的税收收入除外）的税收地方留成部分。

非税收入包含政府性基金收入、其他非税收入、专项资金和专项基金。

政府性基金收入主要为土地使用权出让金收入。土地使用权出让金收入地方留成是指合作区域内全部土地使用权出让的总收入在按国家法律法规明文规定上缴中央、湖北省部分，并扣除按照湖北省省级相关规定计提的各项基金或资金后的剩余部分。

其他非税收入包括但不限于教育费附加、地方教育费附加、基础设施配套费等政策性规定的收费项目，行政事业单位收取的服务性费用、与开发建设无关的其他非税收入，人防工程易地建设费、各项罚没款以及未形成实际性财政收入等不作为上述其他非税收入的基数。

专项资金和专项基金指团风县政府上缴湖北省省级政府后留存的可自由支配的各项基金或资金，其中农田水利建设资金、教育基金、保障性安居工程资金等可以作为本项目的回报资金来源。

4. 案例评价

本项目为城镇综合开发类PPP项目中的产业新城PPP项目，主要回报资金来源包括区域内国有土地使用权出让形成的政府性基金预算收入和列入一般公共预算的税收收入。财政承受能力在论证时只需要计算一般公共预算部分。

# 第七章　PPP 项目中的土地应用实践

## 一、文商旅类 PPP 项目

（一）文商旅类 PPP 项目的特点

文商旅类 PPP 项目是指开发当地具有价值的自然或人文景观或在此基础上开展旅游服务的 PPP 项目。文商旅类 PPP 项目的特点如下。

①经济特征——旅游是支撑产业；②文化特征——文化是形象符号；③商业特征——依托于现存文化、旅游景区资源建设，消费是经济业态；④功能特征——既具有公共服务的属性，也具有商业运营的特征；⑤收入特征——属于准经营性项目，具备一定的使用者付费收入，配置一定比例使用者付费项目以平衡项目现金流。

（二）对文商旅类 PPP 项目使用者付费和运营方案的评价

1. 使用者付费收入

选取财政部入库项目——桂林洋热带农业公园 PPP 项目作为案例。项目公司可将各子项目建设内容包含的可经营部分用于商业经营，获得经营收入。海口市人民政府、桂林洋开发区、桂林洋农场不参与项目公司商业经营部分的利润分红，亦不承担经营亏损。

使用者付费计算采用以下原则：①基础设施类项目以及准经营性项目中的基础设施部分投资不计入使用者付费计算范围；②准经营性项目中可经营部分，以该部分投资本金（政府出资外）为基数，以中选社会资本最终成交的运营期投资折现率为利率进行等额本息计算，得出 20 年运营期内每年应缴纳的场地租赁费；③运营期内每 3 年为一个调整周期，桂林洋开发区和项目公司双方可根据项目实际经营状况，对使用者付费部分的数额进行动态评估并调整，报海口市人民政府书面同意后执行；④该项目在 2018 年春节开园期间为免门票经营期，关于门票收费及收费后分配机制，采用一事一议方式解决,报海口市人民政府书面同意后执行。

在此原则下使用者付费主要有以下四项:一是门票收费,定价120元,扣除代理商折扣和佣金方式及二次消费成本后实际门票平均价格约45元/张;二是公园二次消费,公园所有二次消费项目以招商方式确定;三是园区内电瓶车等交通工具须另外收费;四是园区内展馆收入。本项目通过PPP项目资产的多元化经营大幅提升了基础设施和经营物业能效。

2. 运营方案

选取财政部入库项目桂林洋热带农业公园PPP项目作为案例,对文旅类PPP项目运营方案进行分析。

(1) 运营定位

桂林洋国家热带农业公园是海南省"十三五"规划重大项目,运营工作将围绕"三区一中心",即国家级热带农业示范区、热带农业休闲旅游体验区、农垦改革试验区和热带农业国际合作中心的定位目标,搭建热带现代农业发展、美丽乡村建设发展的平台,导入各类资源与机构,打开新局面。掌握话语权,即通过努力,争取在各级政府强力的支持下,树立热带现代农业标杆,打造热带国家农业典范,从而打造热带现代农业新高地——"中国热带农都"。

(2) 运营职责

农业公园的运营职责就是在政府大政方针的指导下,根据行业特点和实际情况制定切实可行的实施方案,将桂林洋国家热带农业公园打造成"国内一流、世界知名"的"热带农都"。同时,依据公园总体定位,在农业公园践行以"5+2、白加黑""钉钉子""马上就办""拍拍看"四种精神为魂的旅游运营思路,推进公园产品和服务设计、市场营销、服务保障等各项工作。

(3) 经营目标

入园人数前三年保持平均每年100%增长,计划会展中心平均使用面积30%,平均使用天数为50天/年(不含布展和撤展天数)。预算旅游板块累计成本和费用20.11亿元,预算会展板块成本和费用10.54亿元。

(4) 运营模式

运营板块:包括会展板块、农业生态乐园(属高效种植区)、农业梦工场(属高效种植区)、公园游览板块。

(5) 公园运营

在园区相应项目和位置布置二次消费项目,游客在购买门票后可以获得等值的购物券,在相应的二次消费项目上消费和做活动时(视活动等级而定)

可做现金使用,公园从每位游客的二次消费中获得40元左右的实际门票收入。公园所有二次消费项目以招商方式确定,原则上在公园内不再产生其他的二次消费。

3. 对文旅项目运营模式的评价

文旅项目主要通过商业步行街的形式体现其商业性,区别于传统城市商业综合体。从属性上看,文旅项目的商业业态以街区型的文化旅游为主。因此业态布局要注重文化和旅游属性。

文旅项目公共区域的运营和维护成本,要提前考虑在运营阶段如何转化,并提前做好计划运营。文旅项目既有旅游的属性,又有商业的属性,还有文化的属性,是需要长期运营的项目,在策划阶段就应充分考虑运营的因素,为文旅项目的长期可持续运营打下基础。

(三)文化旅游用地的取得流程和条件

1. 文化旅游用地的界定

依据《中华人民共和国土地管理法》可知:

第一,"旅游用地"属于建设用地的一种。

第二,"旅游用地"主要指用来旅游开发和建设的建筑物、构筑物的用地。

第三,"旅游用地"是与"城乡住宅和公共设施用地、工矿用地、交通水利设施用地、军事设施用地"等同的用地类型,是一种功能性用地。

2. 文化旅游用地的取得条件

旅游项目的用地性质主要为国有建设用地。项目用地取得方式主要为带条件招拍挂。另外,集体建设用地可以通过创新利用方式参与文旅项目建设,须从利用方式和利用周期角度做好匹配和合作管理工作。

3. 文化旅游用地取得土地流程

文化旅游用地取得方式与土地现状关系较大。

一是原用地为农用地或未利用地,须通过农用地转建设用地流程实施。流程具体包括:预选符合各项规划的农用地;编制建设项目可行性论证,向建设部门提交用地申请,获取《选址意见书》并缴纳选址规费;持《选址意见书》提出用地预审申请,并获取《建设项目用地预审报告书》;凭《建设项目用地预审报告书》办理立项、规划、环保许可等相关手续,并缴纳各项审批费用;持审批文件提出项目用地的正式申请;各级人民政府审批;办理征地手续;领取批准用地文件和《建设用地批准书》;签订出让合同,缴纳出让费用,获得土地使用权;办理建设项目的相关审批手续并予以施工建设。

二是文化旅游用地中的部分基础设施及公共服务配套设施用地可采用划拨方式取得。

三是文化旅游用地中的原土地若为集体土地，可采用土地流转、租赁或使用权人作价入股等方式取得。

(四) 案例分析

1. 运作模式

南溪区长江生态文化旅游产业综合开发PPP项目采用BOT模式实施运作。在BOT模式下，初步拟定由政府指定出资代表和社会资本共同组建项目公司。由政府授权的实施机构授予项目公司经营权，项目公司负责项目的勘察、规划、设计、投资、融资、建设以及项目的管理运营维护等全部工作。

本项目的使用者主要为游客，使用者付费包括游客享受旅游服务、旅游设施、旅游环境时应付的服务费以及商铺租金，主要有摆渡车车票收入、住宿收入、停车场收入、餐饮收入、设施租赁收入、游乐设施收入、门票收入等其他收入。运营期间，由区政府每年对项目公司财务收支进行审核，若公司当年回报水平小于合同约定的合理回报水平，则政府在绩效考核的前提下按合同约定对当年可行性缺口进行补助；若超过合同约定的合理利润水平，则政府不予补助。项目进入运营期的第一年在核算项目公司财务收支时，应将项目建设期所发生的资金缺口（即建设期利息）一并纳入当年补助金额核算。

运营期内，政府将基于绩效评价，给予项目一定奖励或处罚。奖惩资金额度与支付方式具体以合同约定为标准，惩罚额度与年可用性付费和绩效服务费挂钩。

2. 案例评价

本项目属于文化旅游基础设施建设PPP项目。项目用地中符合《划拨用地目录》的，政府以划拨方式供应；项目资产中道路等配套基础设施产权由于其资产公益性，归政府所有，项目公司享有合同约定范围内的经营权。其他资产根据土地产权归属情况，予以划分。

本项目回报方式为使用者付费加政府可行性缺口补助，主要依托一般公共预算支出。本项目使用者付费收入在合作期内无法完整覆盖投资成本和收益的，政府通过可行性缺口补助对其收益不足的部分进行补足，这是典型文旅行业准经营性项目的回报模式。

## 二、产业新城 PPP 项目

（一）产业新城 PPP 项目的特点

产业新城是由众多公共服务设施项目组合而成的区域性整体开发项目。其中，公共服务设施是指为居民提供的交通、能源、通信、教育、保健卫生、体育、文化生活、园林绿化、环境整治、行政管理等服务的市政公用设施和公共生活服务设施，强调公共性和服务性（见王依遥《探究现代城市公共服务设施设计》）。产业新城通常应当包括市政道路、地下管网、桥梁隧道、变电站、污水处理厂等公共服务设施项目。

产业新城具体由园区及市政道路、地下管道网、变电站、污水处理厂、园林等公共服务设施组成，种类繁多、投资范畴大，且具有回报周期长的特点，因此其与强调建立持久稳定政企合作关系的 PPP 模式在以下方面高度契合。

第一，政企协同。受地方债务水平较高和财政支付能力有限的影响，由于产业新城投资规模大，难以由地方政府独立承担，所以引入社会资本合作开发也是必然趋势；由于产业新城所属的公共服务设施具有很强的公用性和服务性，是政府行政管理的传统范畴，所以社会资本规划、建设乃至运营这些公共基础服务设施也离不开政府的协助与支持。产业新城开发当下需要政企合作，而 PPP 模式正是寻求政府与社会资本合作共赢的一种模式。

第二，代际平衡。开发产业新城投资范围大，如果按照传统 BT（建设-移交）模式运作，将增大地方政府短期债务，进而加剧地方政府近期财政负担；而 PPP 模式强调在不新增政府债务的前提下，维系了长期稳定的政企合作关系，平滑了政府财政支出曲线，合理分配了财政支付时序，较好地实现了"代际平衡"。

第三，供给侧结构性改革。在产业新城开发领域引入 PPP 模式，社会资本将从实现利润最大化出发，凭借机制灵活、思路开阔等优势，充分挖掘公众的潜在需求，并根据需求探索项目运营的各种可能性，实现社会资源的最优配置。在此进程中，政府简政放权，也逐步完成由管理型政府向服务型政府的转变，进一步提升行政服务水平，解除社会资本的后顾之忧，从而有力保障供给侧改革的成功。

### (二) 对产业新城 PPP 项目使用者付费和运营方案的评价

产业新城 PPP 项目建设内容及运营服务内容比较复杂，因此产生的使用者付费种类也较多。产业新城 PPP 项目使用者付费包括授权经营公用事业设施的使用者付费、产业设施的经营收入、委托运营收入以及公共设施的物业维护收费等。

虽然运营服务内容门类多，但从项目整体收入水平来看，使用者收费占比较低。这主要是由于产业新城 PPP 项目中公益性项目占比较大，所以社会资本收入主要为政府可行性缺口补助。

另外，产业新城 PPP 项目受经济周期影响较大。一是产业新城的重要支付资金来源于土地出让金，而土地出让金的周期性容易造成产业新城项目计划执行的经常调整；二是产业新城须以产城融合为核心理念，产业的培育和发展也有周期性，同时随着全球经济一体化的深入，经济形势也在一定程度上影响项目执行。

综合以上两点，从政府绩效管理角度看，社会资本运营方案在合作周期内必然面临调整和变化，需要实施机构和本级政府以更加开放和成熟的视角应对；另外则是易形成重投资轻运营的管理思路，须时刻把握发展方向。

### (三) 项目建设用地的取得流程和条件

1. 国有建设用地使用权划拨

符合《划拨用地目录》的 PPP 项目可通过划拨方式取得项目用地。建设项目用地由建设单位提出申请，经有批准权的人民政府批准，方可以划拨方式提供土地使用权，但不得改变划拨供地的用途。《划拨用地目录》中，强调土地的公益性及非营利性，明确城市基础设施用地、非营利公益事业用地（非营利教育设施及医疗卫生设施用地等）可以以划拨方式取得。需要注意的是，营利性公益事业用地不属于划拨用地目录范围。实践中，PPP 项目中使用的划拨用地往往并非登记在社会资本或项目公司名下，而是登记在政府平台公司名下，由平台公司无偿提供给社会资本或项目公司使用。

不符合《划拨用地目录》的 PPP 项目，根据项目用地性质选择以招标、拍卖、挂牌、租赁、作价出资或入股等有偿方式取得项目用地，项目用地登记在社会资本或项目公司名下。

2. 国有土地使用权出让

根据《城镇国有土地使用权出让和转让暂行条例》及《招标拍卖挂牌出让国有建设用地使用权规定》，土地使用权出让的方式主要有四类：招标、拍卖、挂牌、协议。

若PPP项目用地被认定为工业（包括仓储用地，但不包括采矿用地）、商业、旅游、娱乐和商品住宅等经营性用地以及同一宗地有两个以上意向用地者的，则根据物权法及《招标拍卖挂牌出让国有土地使用权规定》的规定，必须以招标、拍卖或者挂牌方式出让。若PPP项目用地采取协议出让的，则须符合物权法及《协议出让国有土地使用权规定》关于协议出让的前置条件：在供地计划公布的地段上，同一地块只有一个意向用地者的，方可采取协议方式。

协议出让属于管控较为严格的出让方式。以出让方式取得的土地使用权可以设定抵押权，但涉及公益设施的除外。按照物权法第一百八十四条第三项规定，学校、幼儿园、医院等以公益为目的的事业单位、社会团体的教育设施、医疗卫生设施和其他社会公益设施不得设立抵押权。即使此土地使用权以出让方式获得，且公益设施为私立性质，也不得抵押。《对关于私立学校、幼儿园、医院的教育设施、医疗卫生设施能否抵押的请示的意见》（法工办发〔2009〕231号）规定，私立学校、幼儿园、医院和公办学校、幼儿园、医院，只是投资渠道上不同，其公益属性是一样的。私立学校、幼儿园、医院的教育设施、医疗卫生设施也属于社会公益设施，按照物权法第一百八十四条规定，不得抵押。因此PPP项目涉及公益设施的，出让方式取得的土地使用权不得用于抵押。

3. 国有土地租赁

《划拨用地目录》之外的PPP项目，除出让方式外，亦可通过租赁方式取得项目用地。根据《规范国有土地租赁若干意见》（国土资发〔1999〕222号），对原有建设用地，法律规定可以划拨使用的仍维持划拨，不实行有偿使用，也不实行租赁；对因发生土地转让、场地出租、企业改制和改变土地用途后依法应当有偿使用的，可以实行租赁。对于新增建设用地，重点仍应是推行和完善国有土地出让，租赁只作为出让方式的补充。

对于经营性房地产开发用地，无论是利用原有建设用地，还是利用新增建设用地，都必须实行出让，不实行租赁①。目前以租赁方式供地正在逐步受到鼓励，如2014国土资源部《养老服务设施用地指导意见》规定：营利性养老服务设施用地，应当以租赁、出让等有偿方式供应，原则上以租赁方式为主。国有土地租赁可以采用招标、拍卖或者双方协议的方式，有条件的，必须采取招标、拍卖方式。采用双方协议方式出租国有土地的租金，不得低于出租底价和按国家规定的最低地价折算的最低租金标准。国有土地租赁的租

---

① 符启林：《房地产合同实务》，北京：知识产权出版社2005年版。

金标准应与地价标准相均衡。承租人取得土地使用权时未支付其他土地费用的，租金标准应按全额地价折算；承租人取得土地使用权时支付了征地、拆迁等土地费用的，租金标准应按扣除有关费用后的地价余额折算。

此外，租赁方式取得的租金收入，参照土地出让收入纳入政府性基金预算管理。通过租赁方式，社会资本或项目公司可取得土地使用权[①]。

4. 国有土地使用权作价

以土地作价出资或入股符合我国公司法规定的土地使用权作价出资方式，也符合土地管理法规定的国有土地有偿使用方式。国办发〔2015〕42号文明确规定可采用这一出资方式："以作价出资或者入股方式取得土地使用权的，应当以市、县人民政府作为出资人，制定作价出资或者入股方案，经市、县人民政府批准后实施。"目前，此种方式在PPP项目中使用较少，主要原因包括：一是政府平台公司依然需要按照土地管理规定，以公开方式取得土地，存在不可控性；二是存在造成国有资产流失的风险。尤其是如何确保对土地资产价值进行正确评估，这是PPP项目中能否作价出资或入股的关键。

（四）案例分析

1. 基础设施导向型——广元市利州区军民融合产业园基础设施建设PPP项目

产业新城作为公共服务设施的集合体，通过合理规划产业园区和居民生活配套区，统筹解决了区域内部的产业发展和民生保障问题，因此产业新城需要由多个不同功能的公共服务设施共同构成。由于产业新城的构件种类复杂，构件之间相互衔接紧密，且投资规模巨大，因此产业新城整体开发历来都是公共服务设施开发领域的难点。

2. 项目基本情况

项目主要建设内容为完善泉坝拓展园、宝轮工业园、清江石羊工业园区三个工业园区的基础设施。其中泉坝拓展园系大石工业园拓展区，位于荣山镇泉坝村，位于广元市城市东西发展主轴线上；清江石羊工业园位于利州区赤化镇境内；宝轮工业园位于利州区宝轮镇，为广元市三江新区的核心部位。

项目建设内容主要包括：园区道路及绿化、供排水管网、污水管网、桥梁、电力管线、标准厂房、场平以及其他相关配套设施建设工程，具体如表7-1所示。

---

① 严华东：《准经营性基础设施PPP项目补偿方式比较及选择》，《地方财政研究》，2017年第6期。

表 7-1 项目建设内容和规模一览表

| 园区名称 | 项目名称 | 单位 | 数量 | 技术指标 |
| --- | --- | --- | --- | --- |
| 泉坝拓展园 | 电力、供排水排污干管等配套设施项目 | 千米 | 4.928 | 污水管网总长 1.64 千米，雨水管网总长 1.65 千米，电力排管 1.64 千米 |
| 宝轮工业园 | 5 万平方米标准化厂房及配套用房建设 | 平方米 | 50 247.36 | 占地 75.2 亩，规划总建筑面积 50 247.36 平方米，完成办公楼、倒班房等配套设施建设 |
| 宝轮工业园 | 园区一、二期连接道路建设 | 米 | 2 000 | 道路总长 2 千米、宽 25 米 |
| 宝轮工业园 | 二期场平 | 亩 | 417 | 工业场平 417 亩 |
| 宝轮工业园 | 供排水管网和电力线路迁改等配套设施项目 | 千米 | 8.05 | 给水管网总长 2.0 千米，雨水管网总长 2.03 千米，污水管网总长 2.02 千米，电力排管总长 2.0 千米 |
| 清江石羊工业园区 | 滨河路道路及河堤 | 米 | 3 856.36 | 道路长 3 856.36 米，宽 27.5 米 |
| 清江石羊工业园区 | 石羊片区场平工程 | 亩 | 1 026 | 工业场平 1 026 亩 |
| 清江石羊工业园区 | 3 号桥 | 米 | 372 | 三号桥长 372 米，宽 20 米 |
| 清江石羊工业园区 | 园区横向主干道 | 米 | 2 397.196 | 长 2 397.196 米、宽 30 米 |
| 清江石羊工业园区 | 园区供排水、电力通道等配套设施项目 | 千米 | 25.173 6 | 给水管网总长 6.253 6 千米，雨水管网总长 6.4 千米，污水管网总长 6.26 千米，电力排管总长 6.26 千米 |

资料来源：《广元市利州区军民融合产业园基础设施建设 PPP 项目实施方案》

项目工程总投资约为 8.74 亿元，涉及三个园区共计 10 个子项目。其中工程费用 5.73 亿元，占比为 65.54%；工程建设其他费用 2.36 亿元（包含土地征拆费用 15 000 万元，征拆费用建设期利息、设计、勘查等费用 8 642 万元），占比为 27.04%；预备费用 6 485 万元，占比为 7.42%。

3. 项目运作模式

依据发改投资〔2014〕2724 号文、财金〔2014〕76 号文、财金〔2014〕113 号文等文件精神，结合项目实际情况，本项目采用"投资-设计-建设-经营-移交（BOT）"的模式实施（图 7-1）。

项目拟定由广元市利州区利元国有投资有限公司作为政府方出资代表与社会资本方共同组建项目公司，政府方出资代表和社会资本方暂按 5%：95% 的比例对注册资本金出资，双方以注册资本金出资比例持有项目公司股权。为提升社会资本方对本项目的积极性，政府方出资代表不参与项目公司分红，只参与项目公司管理。

为降低项目风险，按照项目公司注册资本金不低于项目总投资 20%的行业惯例，本项目的项目公司注册资本金暂定为 1.80 亿元，其中政府方出资代表出资 5%，即 900 万元；社会资本方出资 95%，即 1.71 亿元。

双方股东应按照股权比例同步完成项目公司注册资本金注资，在 PPP 合同签订之日起 3 个月内达到 1 亿元的规模要求，在 PPP 合同签订之日起 6 个月内达到 1.8 亿元的规模要求。

项目合作期为 10 年，其中建设期 2 年，运营期 8 年。在运营期内，政府通过支付可用性服务费和运维服务费的方式保证项目公司收回投资并获得合理回报。在运营期结束后，由项目公司将项目资产无偿移交给区工集委或其指定机构。

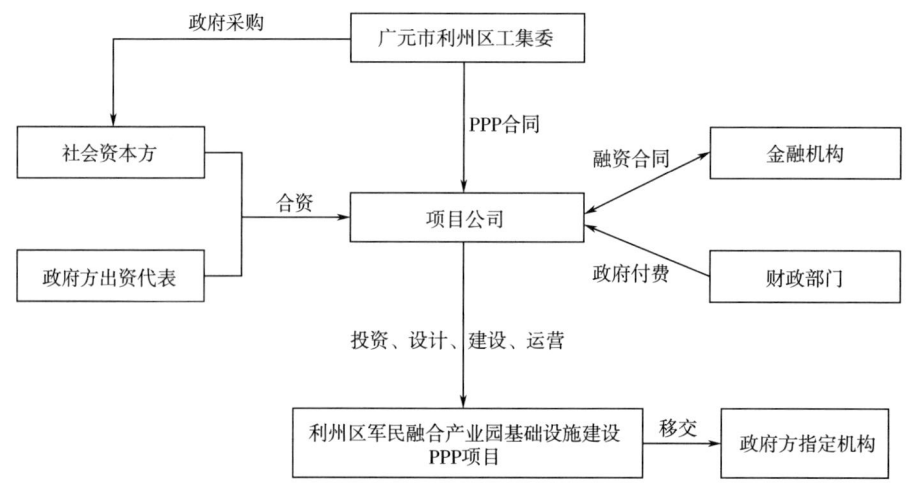

**图 7-1　项目 PPP 模式结构图**

资料来源：本研究整理

项目总投资 8.74 亿元，其中 1.8 亿元以项目公司注册资本金的方式注入项目公司，剩余部分，即 6.94 亿元，由项目公司的社会资本方股东负责筹集。

4. 项目运营内容

本项目运营维护的主要内容是运营相关的园区道路及绿化、供排水管网、污水管网、桥梁、电力管线、标准厂房、场平以及其他相关配套设施，由社会投资人负责。根据合同约定、政府方要求对项目设施进行维护和修理，该责任不因项目公司将部分或全部维护事务分包给其他运营维护商实施而豁免或解除。

5. 项目回报机制

本项目为产业新城项目，在单个子项目建设完成并正式竣工交付使用后，政府通过支付可用性服务费和运维服务费的方式保证项目公司收回对该子项目的投资并获得合理收益。各子项目的政府付费单独核算，可用性服务费采用每年等额支付的方式核算（各子项目的可用性服务费付费从子项目正式完工交付使用后开始支付，第一次支付时点为竣工交付使用之日）。根据前期市场调研，可用性服务费的预期税前年投资回报率拟定不高于10%，运维服务费根据报价确定且根据可研数据拟定不高于272万元/年。

（1）可用性服务费

可用性服务费是指政府方向项目公司购买本项目合作范围内的建设服务而支付的费用。各子项目的可用性服务费从子项目正式完工交付使用后开始支付，第一次支付时点为正式竣工交付使用之日，之后七次按上一次支付时点满一年时支付。

（2）运维服务费

运维服务费是指政府方向项目公司购买本项目合作范围内的运营维护服务而支付的费用。年运维服务费支付金额以中标报价金额为准，按照可研数据，运维服务费以272万元/年为上限。

6. 项目评价

产业新城有别于道路、污水处理厂、体育场馆等单一公共服务设施，因其投资多、建设内容复杂、开发难度大，长期成为公共服务设施领域的禁区。在产业新城类项目中，政府实际是购买了社会资本方提供的整体式服务。这种操作模式避免了因投资主体繁杂而增加投资、建设、运营成本，降低了分散投资的违约风险，并形成规模效应。

合理选择开发规模。考虑到西部地区地方政府，尤其是区县级政府的财力有限、行政管理水平不足，为确保合作项目长期安全，资本方应当以帮助当地政府解决财政承受能力为目的，测算分析项目最适开发规模，帮助地方政府控制投资规模。

## 三、特色小镇 PPP 项目

（一）特色小镇 PPP 项目的特点

特色小镇的特点是其"三生融合"的理念，即生产、生活、生态三者的相互融合（图7-2）。生产是指特色小镇要聚焦特色产业与新型产业，建设物质文明，它是特色小镇的核心；生活是指特色小镇要构建社区共同体，建设精神文明，它是特色小镇的基础；生态是指特色小镇要建设成为3A级以上景区，建设生态文明，它是特色小镇的保障。三者相互融合，构建产城融合、生态宜居、人与自然和谐共处的新型空间。

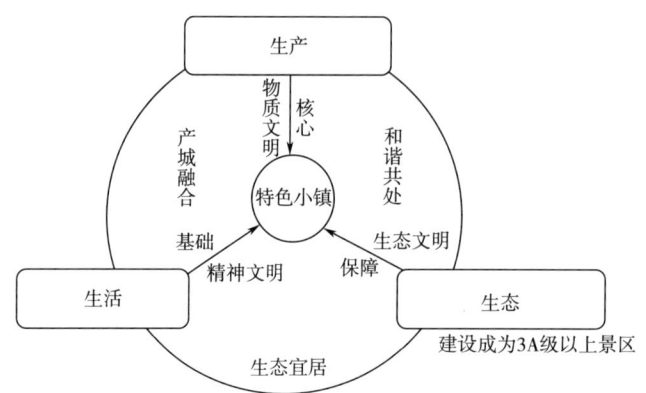

图7-2 特色小镇"三生融合"理念示意图

资料来源：本研究整理

"三生融合"理念一方面是基于田园城市理论和精明增长理论中的一些理念发展而来（田园城市理论提倡的要合理布局工业、商业、居住、绿化等各种功能以实现自给自足的理念；精明增长理论提倡的实现紧凑发展，促进职住平衡，打造良好生态的理念），通过在3平方公里的空间范围内云集市场主体、强化生活功能配套、美化自然环境，促进特色小镇的可持续发展。另一方面，弥补了传统开发区实施的不足及缺陷。传统开发区主要通过税收、用地优惠政策来吸引投资，然而这种模式容易导致竞次式增长的出现，并非长久之计。同时，传统开发区也出现了公共服务不足、职住分离等问题。在传统开发区的前车之鉴下，特色小镇不能再单纯依赖优惠政策来吸引投资，而是要通过将生产、生活、生态有机结合，打造令人向往的创新氛围、宜居环境和自然风貌来吸引优质资本的入驻和产业人群的常驻。

## （二）特色小镇PPP项目使用者付费和运营方案的评价

国家发展改革委和国家开发银行《关于开发性金融支持特色小（城）镇建设促进脱贫攻坚的意见》（发改规划〔2017〕102号）提出，特色小（城）镇要补齐发展短板。支持基础设施、公共服务设施和生态环境建设，包括但不限于土地及房屋的征收、拆迁和补偿；安置房建设或货币化安置；水网、电网、路网、信息网、供气、供热、地下综合管廊等公共基础设施建设；污水处理、垃圾处理、园林绿化、水体生态系统与水环境治理等环境设施建设以及生态修复工程。

使用者付费主要集中在经营性项目，如旅游业的酒店、景区和厂房出租等项目。

(三) 项目建设用地的取得流程和条件

从土地政策的宏观方面看，一是要从严执行耕地保护与土地用途管制制度，划定建设用地、农用地和未利用地，严格控制建设占用耕地等农用地，占用必须依法批准。二是要严格执行节约集约用地制度，提高土地综合利用率。三是要围绕党的十九大提出的生态系统保护理念，融入山水田林湖等元素打造特色小镇。四是要集成应用土地政策，梳理形成特色小镇用地解决方案，这些方案也同样适用于其他建设用地项目。

1. 使用存量国有建设用地

其中又可分为五种：一是批准使用。市政道路、公园、绿地、广场等属于公共用地，办理批准使用手续，即用以建设市政道路等，可以发《建设用地批准书》，但不用发划拨决定书或出让合同等。这些用地在土地登记时只登记不发证。还需要注意区分建设单位、管理单位与土地使用权人的不同。二是国有土地划拨。三是国有土地使用权出让，即以协议或招标、拍卖、挂牌方式出让。四是国有土地租赁，也是采取协议或招拍挂方式实施。五是国有土地使用权作价入股，一般是协议方式。除批准使用和划拨外，其他三种方式属于有偿使用方式。在有偿使用方式中，出让和国有土地租赁的具体配置方式包含协议、招拍挂四种，作价入股因有明确的使用者，只能通过协议方式配置。

2. 圈内农用地办理转用、征收手续后依法供应给特色小镇建设项目

土地利用总体规划把所有的土地划分为建设用地、农用地和未利用地，土地利用总体规划所确定的城市村镇建设用地叫圈内用地。为实施规划，需要占用土地利用总体规划确定的城镇村庄建设用地范围内的土地，涉及农用地的，应当办理农用地转用审批手续；涉及集体所有土地的，应当办理土地征收审批手续。在已批准的农用地转用范围内，具体建设项目用地由市、县人民政府批准，由市、县国土资源部门依法供应。

3. 圈外单独选址建设项目用地

能源、交通、水利、矿山、军事设施等建设项目确需使用土地利用总体规划确定村镇建设用地范围外土地的，经批准可以在圈外单独选址建设。涉及农用地的，当办理农用地转用审批手续；涉及集体所有土地的，应当办理土地征收审批手续；土地供应方案在办理农用地转用和土地征收时一并批准。

4. 建设项目使用国有农用地

建设使用国有农用地的，当在办理农用地转用审批手续转为国有建设用地后，依法办理供应手续，不用办理征收手续。

5. 建设项目直接使用集体建设用地

有六种情况可以使用集体建设用地：一是乡镇村公益事业、公共设施用地。二是村民住宅。三是集体经济组织兴办企业或者与其他单位、个人以土地使用权入股、合营等形式共同创办企业的。四是以集体经济组织为主体或者以建设用地使用权作价出资入股、联营，与其他企业共同或合作开发建设公租房、乡村休闲旅游养老等产业以及农村三产融合发展的。五是在全国33个试点县，集体建设用地使用权可以出让、租赁、作价出资或入股用于商品住宅以外的经营性项目。六是返乡下乡创业人员，可依托自有和闲置农房院落发展农家乐。可以通过租赁农民房屋，或与拥有合法宅基地、农房的当地农户合作改建自住房，解决返乡下乡创业人员的住房问题。

6. 建设项目使用国有未利用地

土地利用总体规划确定的国有未利用地可以作为建设用地使用，即建设项目可以使用国有未利用地，无须修改规划，也不用办理转用和征收手续，直接批准用地。

7. 建设项目使用集体未利用地

一是直接作为集体建设用地使用。二是国家建设项目使用集体未利用地的，应当办理土地征收审批手续后依法供地，因不是农用地，故不需要办理农用地转用手续。

8. 使用设施农用地

设施农用地是指设施农业项目区域内直接用于经营性养殖的畜禽舍、工厂化作物栽培或水产养殖的生产设施用地、附属设施用地和配套设施用地，农村宅基地以外的晾晒场等农业设施用地。设施农业项目不同于一般的建设项目，其用地也不同于一般建设项目用地。符合要求的设施农用地不属于建设用地，按农用地进行管理，无须办理农用地转用审批手续，不作为新增建设用地管理。附属设施和配套设施用地有一定比例限制。设施农用地不包括以下用地：经营性粮食存储、加工和农机农资存放、维修场所，以农业为依托的休闲观光度假场所、各类庄园、酒庄、农家乐，以及各类农业园区中涉及建设永久性餐饮、住宿、会议、大型停车场、工厂化农产品加工、展销等用地。

9. 结合土地整治、村庄整治安排用地

土地整治是对项目区内田、水、路、林、村等的综合整治和统一安排，必然关系到项目区内各类用地的重新布局、安排和产权调整。土地整治规划方案中包含了整治后的土地产权调整和各类项目用地调整。土地整治实施规划经批准后，应当依据经批准的实施规划，相应调整项目区内各类用地产权和地类，直接为项目区内原用地单位整治后的用地办理相应用地手续，不再办理农用地转用审批手续，也不占用土地利用年度计划指标。安排原用地者用地后的剩余部分，应当依法办理供地手续。

10. 使用增减挂钩项目建新区用地的

视同建设用地。

11. 农业项目使用国有农用地

具体可以采用承包经营、承包经营权流转或继续由农场员工按要求耕作等方式用地。

12. 通过承包经营、拍卖、流转，使用荒山、荒沟、荒丘、荒滩等四荒地的未利用地

可在50年内用于垦荒造林、治沙改土以及休闲农业、设施农业等，用于非农业建设须审批。

13. 农业项目使用集体农用地

具体可以采用承包经营、承包经营权流转、四荒地拍卖或继续由原农户按要求种植等方式用地。

14. 农村三项建设使用圈内农用地的

应当先行办理农用地转用手续，转为集体建设用地后，再由县、市人民政府批准使用。

15. 农村道路用地

符合条件的农村道路用地属于农用地，不属于建设用地，不办理农用地转用手续，不占建设用地指标。

16. 农田水利设施用地

主要用于农田灌溉和群众生活水源的坑塘、水库、沟渠和河道等，属于农用地，不属于建设用地，不纳入农用地转用范围，不占建设用地指标。

17. 地质灾害治理工程用地

按照地质灾害治理项目办理项目审批手续，不办理征收、转用手续，不占用指标，但应当足额安置补偿。

（四）案例分析

扬州湾头玉器特色小镇PPP项目。

1. 项目基本情况

本项目是一个技术、产业和社区的集聚平台，按照"创新、协调、绿色、

开放、共享"的发展理念，融合产业、文化、旅游、社区功能于一体，为社会生产和居民生活提供公共服务，具有明确的产业定位、文化内涵、旅游特色功能。

项目充分利用湾头镇现有基础设施及产业，着力打造以玉器加工销售为主导的、具有示范意义的产业特色小镇。

项目建设地点位于扬州市广陵区湾头镇。南起建新路（西侧起始京杭大运河建新路，至迎宾路向北，到长安路往东，沿滨江路抵万福闸）、北至茱萸湾公园（含公园），东以壁虎河西岸为界至万福闸、西至京杭大运河东岸。项目总规划面积3平方公里，核心区规划面积1.8平方公里。规划的区域地块位置和用地性质详见图7-3和表7-2。

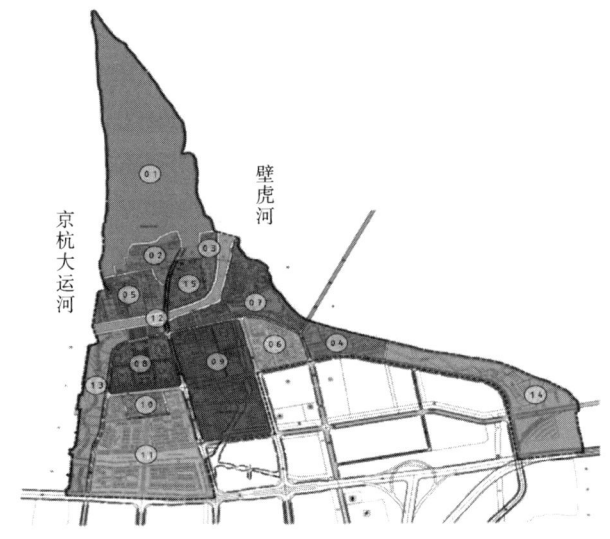

图7-3 扬州湾头玉器特色小镇红线范围内地块示意图

表7-2 扬州湾头玉器特色小镇项目红线范围内用地性质一览表

| 序号 | 名称 | 用地性质 | 备注 |
| --- | --- | --- | --- |
| 1 | 茱萸湾5A旅游景区 | 公园绿地 | |
| 2 | 慢生活Ⅰ区 | 公园绿地 | |
| 3 | 慢生活Ⅱ区 | 公园绿地 | 原村落建筑予以保留 |
| 4 | 慢生活Ⅲ区 | 公园绿地 | |
| 5 | "湾头玉创客"工业遗址创意园 | 商业用地 | |
| 6 | 精品人文酒店 | 商业用地 | 不含在PPP项目内 |

续表

| 序号 | 名称 | 用地性质 | 备注 |
|---|---|---|---|
| 7 | 湾头古镇明清场景演绎体验区 | 商业用地 | 待项目公司成立后，通过招拍挂方式取得 |
| 8 | 隋苑"丝路玉成"文化体验中心 | 商业用地 | |
| 9 | 传统玉器加工销售市场 | 特定意图区 | |
| 10 | 工业遗址产业园 | 商业用地 | |
| 11 | 生活宜居区 | 商业、住宅用地 | 不含在PPP项目内 |
| 12 | 古运河景观带 | 公园绿地 | |
| 13 | 京杭运河景观带 | 公园绿地 | |
| 14 | 壁虎河景观带 | 公园绿地 | 原村落建筑予以保留 |
| 15 | 敬老院 | 社会福利用地 | |

资料来源：《扬州湾头玉器特色小镇PPP项目实施方案》

2. 项目运作方式

项目实施机构（广陵区城乡建设局）通过公开招标方式引入社会资本，广陵区政府授权平台公司（扬州运和新城建设有限公司）与社会资本在广陵区共同出资设立项目公司，政府授权项目公司对整个项目进行设计、投融资、建设及运营维护。本项目的实施范围包括基础设施部分和特色产业部分，其中基础设施部分为非经营性设施，特色产业部分为经营性设施。项目中既存在新建资产又存在存量资产，实施内容较为复杂。针对不同设施的特点进行梳理，可将项目实施内容划分为四大类，针对每类设施的不同特点设置不同的运作方式，具体如图7-4所示。

类型一，项目公司只负责对存量设施进行外立面改造，不负责该类型设施具体的经营管理和维护。

类型二，项目公司负责新建或改建，并在特许经营期间运营维护，该类型设施不具备经营性，设施所有权归政府方所有。

类型三，项目公司通过租赁方式获得项目设施使用权，负责新建或改造，并在特许经营期间运营维护，该类型设施具备经营性，因此由项目公司负责商业经营，相关设施所有权归政府方所有。

类型四，项目公司负责项目设施新建，并在特许经营期间运营维护，该类型设施具备经营性，因此由项目公司负责商业经营，经营期间资产所有权归项目公司所有，特许经营期满后，相关设施无偿移交给政府方或其指定机构。

其中，类型一、二属于基础设施部分（含征地拆迁），类型三、四属于特

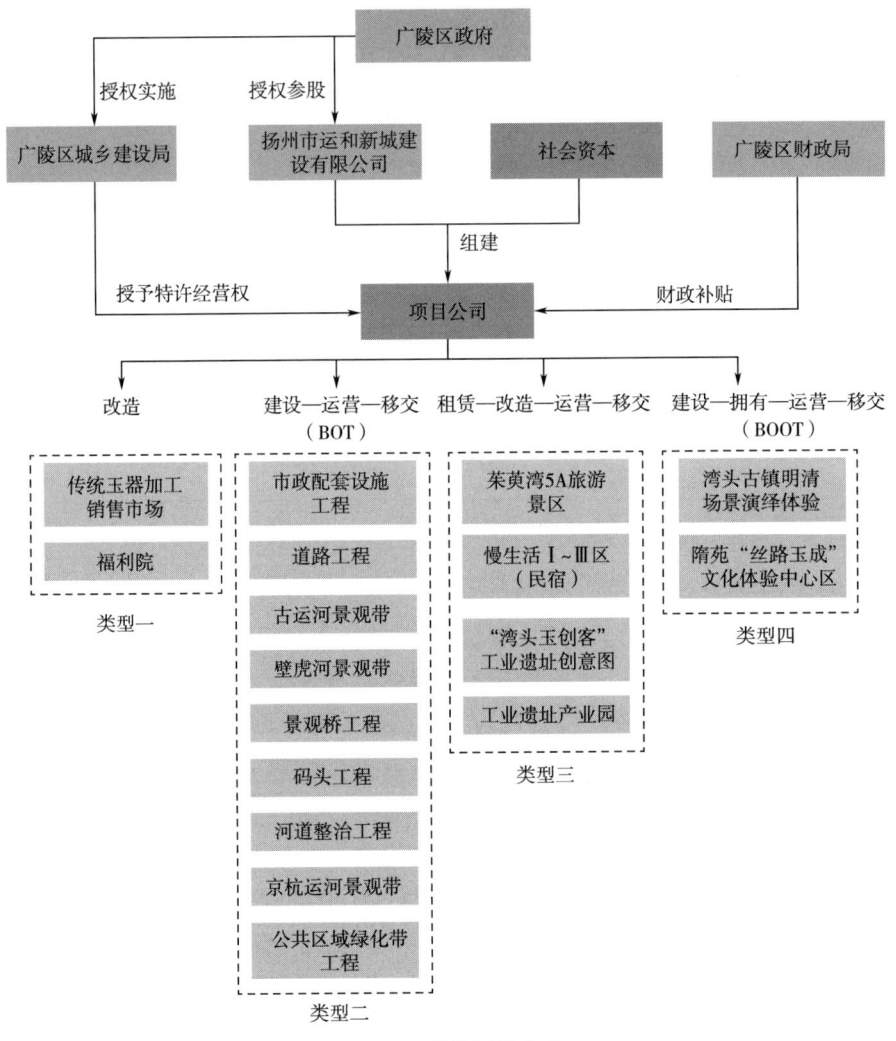

图 7-4 项目运作方式

资料来源：本研究整理

色产业部分。

区政府授权城乡建设局作为项目的实施机构，指定扬州市运和新城建设有限公司作为政府出资代表，指定湾头镇政府作为征地拆迁的主体。由政府出资代表与中标的社会资本方共同成立项目公司。项目公司与实施机构签署特许经营合同，项目公司负责项目的投融资、设计、建设、运营及移交等。

项目采用 PPP 模式运作，政府与社会资本方合作组建项目公司，共同完成项目的融资和建设等。本项目资本金比例按总投资的 20% 计取，资本金共计11.55亿元，资本金以外的部分由项目公司负责融资。本项目所需资金采取自筹与贷款结合的方式解决。其中，自筹资金11.55亿元，约占总投资比例的20%；申请银行贷款46.18亿元，约占总投资的80%。

社会资本方占股比80%，政府方占股比20%，在初步设计概算审批前社会资本方出资暂为8亿元，政府方出资暂为2亿元，待初步设计概算审批后，按照股权比例调整出资额。

3. 项目风险分配

项目的直接相关方包括实施机构和社会资本方，间接相关方包括施工承包商、运营公司、保险公司等。

总体来说，应对风险因素做全面考察、识别和评估，并制定合理的风险分担方案。政府主要承担政治、公共政策、社会和法律等风险，社会资本方主要承担融资、设计、施工、运营、维护等商业性风险（社会资本方可通过项目公司将相关风险分别交由承包商、供应商、运营商或银行等分担）；法律风险等由政府和社会资本方合理承担。具体的风险分担方案见表7-3。

表7-3 风险分担方案表

| 风险类型 | | 承担方 |
| --- | --- | --- |
| 前期风险 | 招投标风险 | 政府/社会资本方 |
| | 项目谈判风险 | 政府/社会资本方 |
| | 项目规划、设计风险 | 政府/社会资本方 |
| | 项目融资风险 | 政府/社会资本方 |
| | 征地拆迁风险 | 政府 |
| | 行政审批风险 | 政府 |
| 建设风险 | 项目成本超支 | 社会资本方 |
| | 分包商的选择风险 | 社会资本方 |
| | 完工风险 | 政府/社会资本方 |
| | 质量风险 | 社会资本方 |
| | 材料和设备选择风险 | 社会资本方 |
| 运营风险 | 安全风险 | 社会资本方 |
| | 运营能力欠缺风险 | 社会资本方 |
| | 运营违规风险 | 社会资本方 |
| | 社会稳定性风险 | 政府 |

续表

| 风险类型 | | 承担方 |
|---|---|---|
| 移交风险 | 质量风险 | 社会资本方 |
| | 项目产权风险 | 政府/社会资本方 |
| 其他风险 | 政策风险 | 政府 |
| | 合同风险 | 政府/社会资本方 |
| | 政治不可抗力风险 | 政府 |

资料来源：《扬州湾头玉器特色小镇PPP项目实施方案》

4. 项目回报机制

（1）项目支出及回报构成

本项目采取使用者付费与可行性缺口补助相结合的方式进行投资回报（图7-5）。投资支出主要包括：项目基础设施、特色产业部分的建设投资及建设期利息支出、相关设施的运营支出、融资利息支出、税费支出等。投资回报主要包括：政府可行性缺口补助、项目设施开发经营收入（旅游门票收入、设施租赁收入）等。

（2）政府补贴支付方式

政府可行性缺口补助的支付期限为运营期的前10年内，支付方式为按年支付，每年年底支付一次，之后的运营期内政府不再支付财政补贴，由合营公司自主经营、自负盈亏。

其中，在财政补贴金额计算中，涉及基础设施投资部分的，按基础设施部分实际投资额（建安工程费按下浮5%计算）和融资利率等额本息方式进行结算，融资利率作为后期公开招标竞争因素，最高限价设定为不超过中国人民银行同期公布的5年期以上贷款基准利率上浮20%。后期政府补贴额的支付以中标人投标文件中的融资利率为准，无论项目建设中的实际融资利率多少，都不再调整；涉及特色产业部分的，按资本金部分财务内部收益率的8%，建安工程费按下浮5%，融资部分按中国人民银行同期公布的5年期以上贷款基准利率上浮20%计算，经计算，政府在运营期前10年须支付补贴额预期为0.76亿元/年。

项目的投资建设及周边环境的整治，将拉动湾头镇及周边区域招商引资、带动税费征收及土地升值，因此财政补贴也将由一般公共预算及政府性基金预算进行支出。其中涉及基础设施投资部分的财政补贴金额，将从政府性基金预算中予以支出，涉及特色产业部分的财政补贴金额，将从一般公共预算中予以支出。

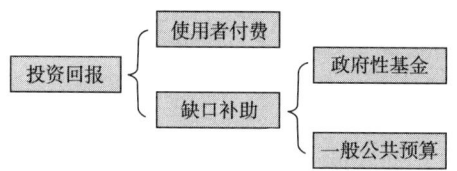

**图 7-5 项目投资回报结构**

资料来源：本研究根据《扬州湾头玉器特色小镇 PPP 项目实施方案》整理

需要说明的是：根据现行 PPP 相关政策法规，政府给予项目公司的财政补贴金额须与项目运营期的绩效考核相联系。本项目中约定特色产业部分的政府补贴额与项目绩效考核挂钩。绩效考核机制在 PPP 协议中予以约定，并根据绩效评分分值决定补贴金额的实际支付额。

5. 项目评价

2016 年 7 月，住建部、发改委、财政部联合公布了《关于开展特色小城镇培育工作的通知》，提出在全国范围内开展特色小城镇培育工作，争取到 2020 年培育 1 000 个左右各具特色、富有活力的特色小镇。该政策的出台，为 PPP 模式提供了一个广阔的发展空间和应用领域，也为特色小镇的建设提供了有力的资金支持。

由于地方政府土地指标少、基础设施不完善、财政能力有限、运营能力薄弱，独立完成特色小镇的建设和运营具有极大的困难。因此，引入 PPP 模式发展特色小镇当属最佳选择。PPP 模式的应用将以特色小镇为载体，让社会资本方参与项目建设和运营，不仅实现产城融合的目的，也为社会资本方带来一定的投资回报。关于本项目中土地使用权确定，项目中湾头古镇明清场景演绎体验区和隋苑"丝路玉成"文化体验中心核心区两地块的土地使用权，将在土地手续完备后，按照法律法规规定的土地出让手续进行出让，项目公司可参与土地的竞拍。

根据经批复的《可行性研究报告》相关数据计算，本项目总投资约为 57.73 亿元，其中，建设投资约 53.68 亿元（含征地拆迁费用），建设期利息约 4.05 亿元。项目所需资金采取自筹与贷款结合的方式解决。其中，自筹资金约 11.55 亿元，占总投资比例为 20%；申请银行贷款约 46.18 亿元，占总投资比例为 80%。特色小镇的投资建设，呈现投入高、周期长的特点，而做好融资是项目顺利实施的重要保障。

一方面，要集中资源，创新思路，帮助小镇融资。面对高强度的投资要求，在补齐基础设施和公共服务短板方面，政府要搭建平台，多元化筹措建设资金，组合使用发债、PPP 合作、以财政资金撬动建立投资基金等融资手段和融资工具，切实改变镇级融资难、成本高的局面；要加强金融人才引进和从业人员培训，确保小镇会融资、能融到资。在推动产业转型升级方面，要充分发挥企业主体作用，在小镇内布局建设以企业为主体的协同创新中心。通过设置政企联合创新基金，突破企业转型升级瓶颈，用经济、政策杠杆吸纳小镇内的企业集团，增加科技创新投入，增强企业对科技成果引进、消化、吸收的能力。另一方面，要严控金融风险。特色小镇投入大、周期长、见效慢是其基本特点，既要研究防范小镇建设过程中因投资回报波动导致金融机构或小镇主要投资运营商投入停止或减少投资的风险，也要防止地方政府在小镇创建过程中大包大揽，形成新增不良负债，拖累地方长线发展。

## 四、田园综合体 PPP 项目

（一）田园综合体 PPP 项目的特点

1. 依托农业

田园综合体类 PPP 项目多以农业项目为核心载体，同时在空间层面多以集体土地、农用地为载体。因此，田园综合体项目与其他类型 PPP 项目在用地上最大的区别体现在其需要大量的农用地。

2. 集文化、旅游等多种元素

田园综合体类 PPP 项目以田园、农业项目为载体，在突出项目公益性的基础上，通常会融入诸如农耕文化、农业展示等元素，项目通常以区域形式实施，多子项目包装，以核心项目为基础，配套项目必要的基础设施及配套设施，打造完整的项目内容。因此田园综合体类 PPP 项目与文旅类项目存在划分界限模糊的现状。

3. 参与主体多元化

常规 PPP 项目中，参与主体通常包含两类：一类为政府方，包括实施机构、行业主管部门、监管部门、审计部门、财政部门、土地储备部门等；另一类为社会资本方，包括牵头方、联合体单位等。田园综合体类项目通常会存在第三类主体，即土地所有权人。由于项目中通常包含农业类项目，且不需要土地变性，因此 PPP 项目需要使用该土地，农用地的所有权人成为项目第三类主体。通常为村集体、国有农场、个体农户等。

（二）田园综合体 PPP 项目的成本及使用者付费

田园综合体类项目成本投入存在连续性。常规 PPP 项目通常前期投入较大，后期投入则以运营、维护成本为主；而田园综合体类项目后期诸如土地租赁费用、农作物更换、更新成本仍然较大，在整个运营周期中是一个持续投入的过程。

使用者付费类同于文化旅游项目，通常包含外包运营项目的租金收入、自营项目的收费（门票、电瓶车、体验项目、参观项目等）。

（三）项目用地的取得流程和条件

田园综合体类PPP项目中建设用地的取得方式与常规PPP项目相同，多采用划拨的方式取得。

农用地的取得方式多采用租赁的方式。签订租赁协议前，集体内部需要通过集体表决的形式确定租赁协议，项目实施主体（即社会资本方）与土地所有权人签署土地租赁协议，预定租赁费用、租赁时间、费用支付方式等。

（四）案例分析——湖南韶山平里村田园综合体PPP项目

1. 项目基本情况

建设地点位于湖南省韶山市韶山乡平里村，项目基地东至县道X036，北接韶山换乘中心。

本项目投资估算总额为10.2亿元，建设内容主要包括田园观光区、山乡度假区、艺术体验区、乡村休闲区、旅游服务区以及旅游基础设施及公共服务配套设施等，具体内容如下：①田园观光区建设项目。②山乡度假区建设项目。③艺术体验区建设项目。④乡村休闲区建设项目。⑤旅游服务区建设项目。⑥旅游基础设施及公共服务配套建设项目。社会资本与政府方共同出资成立项目公司，负责本项目的投资、融资、建设、运营维护工作。

2. 项目运作模式与回报机制

本项目的合作期为30年，包括建设期和运营期，其中建设期2年，运营期28年。韶山市旅游发展委员会作为项目实施机构，通过公开招标的方式选择社会资本方（允许联合体投标），并由政府方出资代表与中选社会资本方在韶山市内设立A、B两家项目公司。

项目公司A由政府方出资代表机构与社会资本方按照1∶9的比例出资设立，政府方授权项目公司A负责本项目的投资、建设以及基础设施和公共服务项目的运维。项目建成后，由项目公司B运营，合作期内项目公司B向项目公司A缴纳建设服务费。项目公司A的回报机制为使用者付费（建设服务费收入）+可行性缺口补助。项目公司A中，政府方出资代表机构与社会资本方按照股权比例参与分红。

项目公司 B 由政府方出资代表机构与社会资本方按照 50%：50% 的比例出资设立，项目公司的日常经营管理由社会资本方负责。政府方授权项目公司 B 负责旅游经营项目的运营、维护，并拥有取得相应经营收益的权利。项目公司 B 的回报机制为使用者付费。项目公司 B 中，政府方出资代表机构与社会资本方按照股权比例进行分红。

合作期届满后，将基础设施及公共服务项目无偿移交给韶山市政府或其指定机构，将旅游经营项目无偿移交给韶山旅游发展集团有限公司（以下简称"韶旅集团"）。

政府方负责监督、考核本项目所提供的服务成果，通过常规考核和临时考核的方式对本项目的服务绩效水平进行考核，并将考核结果与绩效付费支付挂钩，政府方根据绩效考核情况向社会资本方支付可行性缺口补助。

3. 土地取得方式

项目用地符合《划拨用地目录》规定的国有建设用地，以划拨方式供地，同时约定征地拆迁工作由国土资源主管部门的土地储备机构负责实施，费用由项目公司负责筹集，费用实行包干责任制。

对于本项目中不符合《划拨用地目录》规定的国有建设用地，将与其他经营用地一起，以出让的方式供地，由韶旅集团在取得土地使用权以后提供给项目公司使用。

对于本项目中需使用的集体建设用地、项目用地，通过合法合规的方式取得，由韶旅集团负责相关事宜。

项目中涉及农业用地的，在不改变其用途的前提下，采用租赁或流转的形式获取，由韶旅集团负责相关事宜。

## 五、棚改类 PPP 项目

（一）棚户区改造 PPP 项目的特点

1. 建设内容以为棚改地块提供配套的基础设施打包项目为主

棚户区改造 PPP 项目的建设内容，主要是以为棚改相关地块提供配套的基础设施项目为主，包括棚改安置住房小区配套基础设施项目，以及与棚改项目直接相关的城市道路和公共交通、通信、供电、供水、供气、供热、停车库（场）、污水与垃圾处理等城市基础设施项目，同时，可能会带有少量的商业服务等配套项目。

2. 具有明显政策倾斜与支持力度

自 2013 年以来，国务院相继出台《国务院关于加快棚户区改造工作的意见》(国发〔2013〕25 号)、《关于进一步加强棚户区改造工作的通知》(国办发〔2014〕36 号)、《国务院关于进一步做好城镇棚户区和城乡危房改造及配套基础设施建设有关工作的意见》(国发〔2015〕37 号)等政策文件鼓励与支持棚户区改造项目,同时提出要"发挥开发性金融支持作用。承接棚改任务及纳入各地区配套建设计划的项目实施主体,可依据特许经营协议等政府与社会资本合作共同进行市场化融资,开发银行等银行业金融机构据此对符合条件的实施主体发放贷款",因此相比其他类型 PPP 项目,棚改 PPP 项目的政策支持力度更大,可融资性也相对较强。

3. 回报机制多为政府付费

棚改 PPP 项目建设内容多为没有直接收益的道路、配套管网等基础设施项目,政府负有提供义务;而其未来产生的效益主要为周边地块未来的土地出让收入,由政府直接收取。因此棚改 PPP 项目回报机制多为政府付费,或带有少量使用者付费。

(二)棚户区改造 PPP 项目使用者付费和运营方案

1. 使用者付费

棚户区改造项目的使用者付费来源通常为配建的配套设施的运营收入,主要包括:①项目车位的租金;②配建幼儿园的租赁、承包收入;③未安置房屋的租金;④经营配套设施经营收入;⑤项目物业服务费等相关费用;⑥其他经营性收入。

棚户区改造项目的使用者付费方案通常需要考虑是否充分挖掘配套设施的商业价值及潜力,设置合理的收费科目及水平。同时,其配套设施通常具有一定的公益属性,因此不是所有配套设施功能都可用于收费,且收费水平应合理设置,不应仅从商业角度进行考虑。

2. 运营方案

棚户区改造项目的运营方案,通常包括基础设施的运营维护方案与相关配套设施的运营方案。考察其运营方案,首先要评估其是否设置了合理的运营维护水平,可以保证基础设施的有效运转,保障最基本的公共产品的提供;其次要考量其配套设施的运营方案,是否为周边居民提供了必需的公共服务,或有无提供增值服务,并且合理考量相应的商业价值。

(三)项目建设用地的取得流程和条件

该类项目建设用地主要为相应棚户区改造范围内的土地,按照用地性质可分为基础设施建设用地和安置房及配套设施用地。政府首先按照棚户区改造计划确定当年进行棚户区改造的地块，完成征地拆迁工作后再将土地供应给相应实施主体，部分情况下 PPP 项目也会包含部分征地拆迁工作与投资。供应土地中，基础设施建设用地多通过划拨方式取得，政府完成相应收储工作后将土地划拨给项目公司使用；安置房及配套设施用地可通过挂牌出让等方式供应，通常此类土地的取得会设置一定的条件，如配建相应的配套设施等，以确保 PPP 项目的中标人可顺利取得土地。但该种方式易引起不公平竞争争议。

（四）案例分析

1. 项目基本情况

项目基本情况包括：①项目名称。昆明滇池国家旅游度假区大渔片区 B11 地块城市棚户区改造建设 PPP 项目。②项目授权主体。昆明滇池国家旅游度假区管委会。③项目实施机构。昆明滇池国家旅游度假区城市更新改造领导小组办公室。④项目建设规模及内容。昆明滇池国家旅游度假区大渔片区 B11 地块城市棚户区改造建设项目净用地面积 217.92 亩，总建筑面积约 56.26 万平方米，共计安置回迁 2 772 套。

该项目主要建设内容包括：①新建 16 栋高层住宅塔楼，建筑层数 33 层，建筑高度 98.05 米，为一类高层住宅楼，提供 2 772 套回迁安置房用于棚改户安置。②新建 1 栋一类高层（15 层）的公共建筑。用以搭建一个"农商协作 e+智慧服务中心"，为大渔片区内失地农民、返乡农民、大学生创业者提供一个创业就业的平台。主要打造"农产品电商供应链、推动农产品产销衔接、提高农产品网络上行的综合服务能力、强化农产品电子商务大数据发展应用、开展农产品电子商务标准化试点"的智慧服务中心。③社区配套用房，主要包括地下超市、便民餐厅、全民健身中心、电影院、社区配套物管办公等功能用房。该建筑裙楼 5 层。一所含 24 个班级的幼儿园，建筑层数三层，为多层建筑。④在 B11 地块，除北部的幼儿园外，在其余建筑的地下设置了一个大底盘的局部地下两层地下室。项目地上、地下总建筑规模约 56.26 万平方米。

2. 项目运作模式

本项目 PPP 模式采用 BOT（建设—运营—移交）方式运作，由政府方与成交社会资本方签订 PPP 项目合作协议，昆明滇池国家旅游度假区国有资产投资经营管理有限责任公司（以下简称"国投公司"）作为采购人的代表与成交社会资本方合资成立项目公司（SPV），由项目公司以 PPP 运作方式负责本项目的投融资、建设、运营、维护和移交；合作期限届满后，项目公司将持有的全部项目资产向昆明滇池国家旅游度假区管理委员会或其指定主体移交完毕。

项目公司项目资本金为本项目总投资（23.91亿元）的20%，约4.78亿元，其中国投公司出资比例为30%（约1.43亿元），社会资本方出资比例为70%（约3.35亿元）。社会资本方负责项目资本金以外的本项目所需资金的投融资。由政府方与项目公司签订正式的PPP项目合同。在合作期内，项目公司拥有配建商业部分或超安置面积部分的销售权，拥有住宅、公共物业、商业物业、停车场物业管理的经营权及收益权。

项目合作期限为15年，其中包括建设期2年，经营期13年。社会资本取得投资回报的资金来源，包括使用者付费、可行性缺口补助和政府付费等。

3. 项目运营内容

项目运营内容包括：①项目竣工验收后，负责协助政府完成棚改户安置对接工作，并按规定办理有关手续。②从事项目物业管理工作，对项目区域内的设施进行日常维修维护、保洁、绿化、垃圾清运、小区治安保卫等工作。③对公共配套设施、"农商协作e+智慧服务中心"的维护、管理或对外承包经营。

4. 项目回报机制

项目公司负责新建16栋33层住宅塔楼、一栋综合楼、一所含24个班级的幼儿园。项目收益来源为：住宅、公共物业、商业等物业管理费，停车费，幼儿园、商铺等社区配套设施经营收入。经测算，目前情况下项目全投资内部收益率较低，使用者付费不足以弥补社会资本方的投资成本和合理回报，故本项目回报机制采用可行性缺口补助方式。地方财政将运营期缺口补助分别列入年度财政支出预算，并纳入中长期财政规划滚动编制安排预算。本项目属于准公益性项目，采用可行性缺口补助付费机制。政府主要依据项目公司所提供的项目设施或服务的实际使用量计算可行性缺口补助，并预留可行性缺口补助基准额的100%（预留的基准付费应能覆盖运营成本），结合项目公司运营管理服务绩效考核结果，向项目公司支付费用。

5. 土地取得方式

项目公司已先期设立并取得了项目用地。土地通过挂牌方式供应，具体条件如下：土地位于昆明滇池旅游度假区大渔片区，地块面积为14.52万平方米，折合217.87亩，为城镇住宅用地，地块容积率>1且≤2.6，建筑密度≤20%，绿地率≥40%，建筑限高100米。按照竞买条件，需要配套一所含24个班级的幼儿园。地块交易起价为1.56亿元，最终由云能度假区投资开发有限公司底价获得，土地单价71.58万元/亩。以其最大容积率2.6计算，楼面价为 413 元/平方米。

## 六、轨道交通类项目

TOD（Transit-oriented Development）模式是一种项目开发理念，而不是项目投融资实施手段。在土地招拍挂制度下，目前我国内地（大陆）仍然难以实现典型的 TOD 开发操作模式。但由于轨道交通类项目具有典型意义，且在国内个别政策中鼓励实施，因此在本节中予以介绍说明。

### （一）轨道交通 TOD 模式的基本原理

TOD 模式是以公共交通为导向，以交通站点为中心，以步行距离为半径，建立集工作、商业、文化、教育、居住等功能为一体的城区。

通常，轨道交通项目由于投资额巨大，运营成本较高，通过形成交通网络，达到一定规模效应后才能充分发挥公共交通的服务和引领作用。由于轨道交通属于基础设施，具有公共属性，政府有义务提供该项公共服务，但也正因为轨道交通的公共属性，其在运营期内很难通过经营收回前期的投资，甚至会出现收益无法覆盖运营成本的情况。大部分轨道交通项目盈利水平难以满足投资人的期望收益，这常常是社会资本不愿意进入轨道交通项目的主要原因。但是，由于大部分地区地方政府的财政能力有限，无法独立承担轨道交通的投资建设责任，因此需要引进社会资本方，赋予其一定的权限，通过一定的创新投融资机制以提高城市资源的利用效率，丰富配套设施、集约利用土地，实现土地价值的提升，再实施一定的外部收益回收措施，解决轨道交通项目全生命周期的资金平衡问题，使项目得以顺利落地运行。

我国香港地区的地铁采用"地铁+物业"的综合开发模式，用轨道交通沿线的经营性项目收益来反哺盈利能力有限的轨道交通项目。香港地铁公司拿到地契后，通过公开招标等方式寻求地产商合作，利用轨道交通建设项目周边的土地兴建相关物业。物业建成以后，地铁公司可选择现金、实物或二者兼有的物业发展以实现收益分成，同时也实现了外部收益的回收，香港地铁模式也成为 TOD 发展模式的典范。

### （二）TOD 模式项目综合开发用地可行性和取得方式

当前 TOD 模式综合开发具有一定的政策基础，根据《国务院办公厅关于支持铁路建设实施土地综合开发的意见》（国办发〔2014〕37 号）发展 TOD 项目用地可以通过划拨和市场化方式取得土地。其中划拨方式一般用于综合交通枢纽及通道、公交车站、集散大厅、值机大厅、设备用房、公共服务设施、公共停车场、车库及相关配套设施等非经营性用地。采用市场化招拍挂方式取得土地的项目，由于土地取得方式及 PPP 项目取得均具有不确定性，为保证使用权取得者与 PPP 项目投资建设者保持一致，该类项目通过社会资本采购与土地拍卖合并实施，保证轨道交通基础设施与土地供应的一体设计和统一联建（图 7-6）。

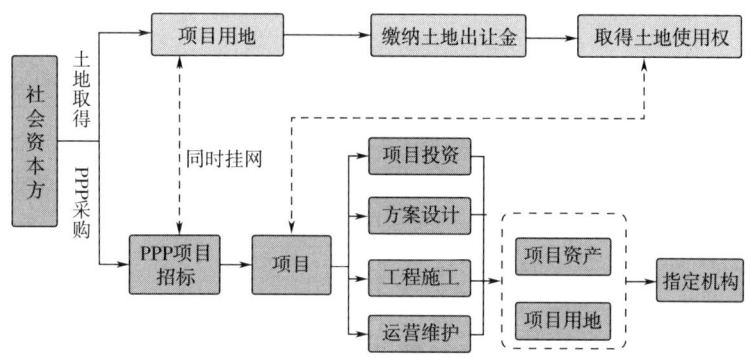

图 7-6　TOD 模式土地取得方式流程图

资料来源：本研究整理

经国家授权经营的土地，开发企业可在土地使用年限内依法作价出资（入股）、租赁，或在集团公司直属企业、控股公司、参股企业之间通过协议出让的方式获取。对于土地综合开发用地供应的模式，相关部分可以根据有关要求分期供应，分期供应的土地可成片提供，政府应按宗地用途和有关规定，核发划拨决定书或签订有偿使用合同。新建铁路项目未确定投资主体的，可在项目招标时，将土地综合开发权一并招标，新建铁路项目中标人同时取得土地综合开发权，相应用地可按开发分期约定一次或分期提供，供地价格按出让时的市场价确定。新建铁路项目已确定投资主体但未确定土地综合开发权的，综合开发用地采用招标、拍卖、挂牌方式供应。

根据国办发〔2014〕37 号文要落实综合开发用地指标支持的政策，铁路建设项目配套安排的土地综合开发所需的新增建设用地指标，经省级人民政府严格审核后，暂由国土资源部予以计划单列（该职能现已转至自然资源部）。

（三）TOD 模式综合开发用地的规模设定

TOD 模式开发用地的规模包括了轨道交通本身用地以及配套的物业开发用地。轨道交通项目通常包括城际铁路和市郊铁路、地铁和轻轨、有轨电车以及近几年新发展的磁悬浮列车、单独列车等多种类型。不同类型的项目其用地规模也有所不同。需要合理地确定土地综合开发的边界和规模。根据国办发〔2014〕37号文要求，各地方政府可按照新建铁路站场地区土地综合开发的基本要求，综合考虑建设用地供给能力、市场容纳能力、铁路建设投融资规模等综合因素，依据土地利用总体规划和城市（镇）规划，合理划定综合开发用地边界。扣除站场用地后，同一铁路建设项目的综合开发用地总量按单个站场平均规模不超过50公顷控制，少数站场综合开发用地规模不超过100公顷。

通常，站场综合开发用地除场站划拨用地以外，其他商业用地作为资源补充需要根据项目规模、投资大小以及经营收入，确定实现项目资金平衡所需的经营性用地规模。

（四）案例分析

1. 项目概况

青衣站位于青衣岛，是地铁东涌线和机场快线的唯一换乘站。机场快线项目连接新机场及市区，是香港机场核心计划之一。1992年，香港地铁公司（以下简称"港铁"）与政府达成协议，兴建机场铁路线，机场铁路线全长34公里，设7座车站，建设总投资约340亿港元，其中政府投资196亿港元，同时政府将香港站、九龙站和青衣站等上盖约340万平方米建筑面积的土地发展权交给港铁，用于弥补建设投资缺口和建成后运营亏损。1996年3月7日，香港政府以私人协议方式向港铁批出青衣市地段132号土地（第6993号批地书），总值43.435亿港元，建筑契约期至2001年9月30日届满，土地发展权的租约期至2047年6月30日届满。

地铁建成后，青衣岛成为连接港岛与九龙半岛、机场的枢纽。青衣站是青衣岛唯一的铁路车站及两线转车站，更是整个青衣岛以及整个葵青区唯一可供新界的士驶入的地方。

表7-4 青衣站开发情况表

| 站点 | 占地面积（万 $m^2$） | 总建筑面积（万 $m^2$） | 容积率（%） | 物业类型 | 合作发展商 |
| --- | --- | --- | --- | --- | --- |
| 青衣站 | 5.4 | 29 | 5.6 | 住宅、商业 | 长江实业、和记黄埔、中信泰富 |

青衣站由港铁与长江实业、和记黄埔和中信泰富合作开发（表7-4）。长江实业、和记黄埔、中信泰富负责兴建费用，兼付地价。三方约定长江实业集团拥有盈翠半岛60%的权益，港铁和中信泰富各拥有盈翠半岛20%的权益，盈翠半岛的物业管理由港铁负责，同时港铁拥有青衣城100%的

权益。

香港政府根据评估地价，授予港铁土地发展权用于发展物业。港铁在物业发展方面安排第三方发展商进行实际发展工程。发展商负责支付所有开发成本，并承担开发风险。港铁与发展商按协定比例摊分销售或租赁物业的利润、摊分实物资产，或通过发展商支付的预付款项从物业发展中获得利益。

2. 物业开发

青衣站占地面积5.4公顷，青衣城和盈翠半岛共用一个底座，总建筑面积29万平方米，站点周边有住宅、学校、市政、运动场、教堂、医院、码头等，居住、生活、交通设施一应俱全。

盈翠半岛由12座35~40层高住宅组成，总建筑面积24.57万平方米，提供3 500个住宅单位，单位平均面积70平方米，停车位700个。青衣城是一个以海洋为主题的大型商场，拥有140间商铺、食肆，饮食类商户比例为40%，一般零售类商户为27%，是往来市区与机场路线上的主要商场，有效弥补了该区域内大型商业的缺乏，使得青衣站成为区域商业中心，并大幅提升了土地开发的商业价值。

港铁在站点周边的土地开发中也采取了高密度、多样性、紧凑性的原则，从而带来物业租售上的巨大收益，也为下层的轨道站点提供了充足的客流支撑。青衣站的综合开发获益颇丰，1998年盈翠半岛推出时市场反应热烈，超过3 000个住宅单位一售而空，为中信泰富带来现金流量逾港币16亿元。由于青衣城的开业，1999年港铁的物业出租、管理和发展收入增加了30%。2000年，由于青衣城开业后进入首个完整年度，加上来自机场铁路新落成住宅及商用物业收入，物业出租、管理和发展收入又增加近40%。

3. 项目评估

香港在城市发展过程中坚持轨道与土地同步经营的原则，有效避免了大多数城市发展过程中产生的交通拥堵、环境污染等问题，其经验值得人们借鉴。香港经验告诉我们，城市发展要从整体视角做长远考虑。

香港的TOD建筑设计在全世界范围内最为精致，在青衣站上盖开发中得到充分体现。青衣站的建筑设计采用三维的立体化城市设计，各类建筑分类布局在交通枢纽核心上，共享一个建筑基座。住宅、社区服务设施等由公共空间、平台公园、广场、人行天桥、坡道等采用一体化设计建造。

轨道结合物业的模式有效增加了地铁客流，使地铁和物业达到了相辅相成的效果。青衣城广场未开业之前，该站的载客量每天仅1万人次，商场开业之后，则逐步递增至每天4万人次，既带动了商场的客流，同时又增加了地铁的营运收入。利用 TOD 理念开展轨道加物业联合开发模式可有效解决当前轨道交通投资额巨大的问题，这对于内地已审批拟建设轨道交通的城市具有一定的参考意义，即积极推动轨道加物业模式的落地，合理利用站点的用地规划，适当提高站点用地建设强度，突出站点用地的功能复合。

## 七、国际案例分析

（一）项目概况

项目名称：美国福特岛开发项目。

福特岛是位于美国夏威夷州珍珠港的一处历史名胜，同时也是美国的海军基地和造船基地。美国海军决定采用 PPP 模式实施一个大型的岛屿开发项目，以对岛屿上未充分利用的历史遗迹等资源进行再开发，为军队和当地居民营造一个良好的生活和工作环境，并促进房地产业的迅速发展，增加当地工人的收入。2003 年 7 月，美国海军授予福特岛置业公司一份自主开发协议，准许其对福特岛进行开发。

美国国会通过了一部特殊法案，促进了项目的顺利开展。该法案允许美国海军对其闲置资产进行价值评估，并转让或出租这些闲置资产，以换取开发建设的资金和材料。

（二）项目实施

美国海军是该项目的政府方，福特岛置业有限责任公司是该项目的社会资本方，该公司由具有丰富 PPP 项目经验的亨特股份有限公司和福陆联邦服务有限责任公司共同组建的承包联合体。

政府和社会资本方签订的 PPP 协议规定，美国海军以价值约 8 400 万美元的土地换取福特岛有限公司的基础设施建设服务；这些总面积达 1 600 英亩的地产包括横跨整个瓦胡岛的 5 块土地，共有 1 988 户居民。

福特岛有限公司为福特岛新建公共设施、修缮现有建筑及道路、电力、通信、污水系统等基础设施。此外，福特岛有限公司还将在岛上新建 231 栋住宅，这些住宅向军队和普通家庭开放，但是军人要付的房租不得超过他们的基本住房津贴。项目后期阶段计划额外再为军方新建约 430 栋军用住宅。

除 PPP 协议中的各项指标外，福特岛有限公司还完成了几项翻修工作，进一步提升了项目价值，获得了政府方和当地居民的高度认可。同时还修建了一条长约 4.5 英里的"福特岛历史小道"，该小道将福特岛上的所有景点连接起来，向游客展示珍珠港事件的全过程。

(三) 案例分析

该项目的融资模式并不是由政府或社会资本方单独出资或由二者共同融资，而是采取了以资产换取服务的模式：将政府方拥有的闲置资源——土地，置换为社会资本方的服务。采用这种融资模式，不仅缓解了融资压力，化解了融资风险，避免了随着项目开展而产生政府债务的情况，还最大限度地开发利用了福特岛上的闲置资源，有效弥补了资金缺口，减轻了财政负担。

对我国而言，对于一些没有稳定现金流或者收益无法覆盖建设成本的项目，该种模式具有一定的借鉴意义。

# 第八章　溢价归公实现模式

如何利用土地增值收益的分享，既解决城市基础设施建设资金来源，同时又平衡土地权利人利益，成为城市发展和更新过程中的核心问题。目前，我国对于因公共投资造成的外部性，一直没有回收的政策工具。在城市建设和土地开发过程中，引入市场调节机制，对受益的群体征收相关费用，对受损的群体予以一定补偿，不仅有助于社会稳定，防止房地产市场投机活动，确保城市开发和土地市场的公平公正，也有助于为公共服务设施筹集必要的建设资金，减轻公共投资的巨大资金压力，维持公共投资领域的良性循环。城市土地及其增值收益部分已成为政府财政收入和城市建设的主要资金来源之一。这些资金对于城市基础设施的配套建设，对于产业结构的调整以及我国城市经济社会的健康发展具有重要的意义。在遵循"谁投资，谁受益""谁受益，谁付费""谁受损，补偿谁""谁付出，回报谁"的原则之下，实现外部性回收，即溢价归公可以使全体人民享受到土地所产生的收益，以减小贫富差距，使人们具有平等的生存和收益权利，维护社会利益分配的公平，解决民生问题。因此，公共投资中的溢价归公的研究具有一定的现实意义。

## 一、溢价归公概述

### （一）概念提出

有国外学者认为，溢价归公（value capture），也称为"溢价回收"或"利益共享"，是把受益者获得的收益部分或者全部地作为公共设施建设项目投融资来源的一种运行机制（Alvaro Covarrubias：*Using Land Value Capture to Fund Rail Transit Extensions in Mexico City and Santiago de Chile*）。"归公"既反映投资者在投入公共建设项目后，获得部分回报以补贴巨额建设成本的客观诉求；也是针对因相关公共政策的制定而蒙受损失的群体进行补偿的行为。

我国学者将"value capture"翻译或者理解为"增值收益分配"[①]"增值收益管理"[②] 等。公共服务设施项目的建设与公共政策的制定会产生外部溢出效应，既有可能引起相关土地增值，也不排除其导致相关土地贬值的可能。因此，单纯将"value"理解为"增值""价值"不够全面。

并非所有的资本回收行为都被视为溢价归公，溢价归公具有限定条件和适用范围。理论上看，公共项目的投资规模越大，成本回收的客观需求越迫切。溢价归公的具体手段，一般是借助一定的税收政策对相关增值部分进行资金分配。但溢价归公与一般税收政策又存在本质区别，主要表现在征税对象的范围和广度方面。在溢价归公设定下，只有从相关公共设施建设项目中直接受益的群体才须支付相应的费用，而一般税收则是面对社会公众。溢价归公可以理解为对某些享受特定服务、商品或者权利的受益者收取相应费用。依据此原理，溢价归公受益者付费的额度不取决于公共项目的建设成本，而是取决于其获益多少，这与面向社会公众的一般税收政策也存在显著差异。

（二）典型应用

麦克尔·爱俄可诺（Michael Iacono）等以交通基础设施建设为例，对各种类型的投资回收渠道和方式进行了总结，如表 8-1 所示。

表 8-1 公共项目融资类别及其融资工具一览表

| 受益对象 | | 衡量标准 | 融资工具 | 成本回收类型 | |
|---|---|---|---|---|---|
| | | | | 预先支付 | 同步回收 |
| 社会公众 | | 税基增长幅度 | 资金统筹分配、物业税、交通营业税 | △ | △ |
| 特定的非使用者（间接受益） | 业主 | 土地增值幅度 | 土地价值税 | △ | △ |
| | | 物业增值幅度 | 税收增额融资 | △ | |
| | | 特别收益 | 特别收益税 | △ | |
| | 开发商 | 交通设施 | 交通设施费 | | △ |
| | | 邻近地块的开发机会 | 开发影响费 | △ | |
| | | 邻近地块的可达性 | 公共设施配套费 | △ | |
| | | 开发权利 | 联合开发 | △ | △ |
| | | 就地开发机会 | 空间开发权 | △ | △ |

---

① 张俊、于海燕：《国内外城市土地增值收益分配制度的比较与借鉴》，《价格月刊》，2008 年第 3 期。

② 田莉：《从国际经验看城市土地增值收益管理》，《国外城市规划》，2004 年第 6 期。

续表

| 受益对象 | | 衡量标准 | 融资工具 | 成本回收类型 | |
|---|---|---|---|---|---|
| | | | | 预先支付 | 同步回收 |
| 使用者（直接受益） | 车主 | 汽车耗油量 | 燃油税 | △ | △ |
| | | 汽车行驶里程 | 里程收费 | △ | △ |
| | | 汽车类型 | 汽车销售税、汽车牌照费、养路费 | △ | △ |
| | | 通行权 | 通行费 | △ | △ |
| | | 需求控制的通行权 | 交通拥挤收费 | | △ |
| | | 环境影响权 | 交通环境税/费 | | △ |
| | 乘客 | 客流量 | 车票 | | △ |

城市轨道交通项目溢价是较为典型案例，以城市轨道交通项目为研究对象更易解释溢价归公。按照项目主要目标效益相关程度可以分为直接效益和间接效益，直接效益是与项目主要目标效益密切相关的效益，间接效益是与项目非主要目标效益相关的效益。城市轨道交通受益对象可分为五类：轨道交通乘客、沿线商家、沿线业主、沿线房地产开发商和政府。

一是对轨道交通乘客，城市轨道交通可以节约出行时间和费用，在舒适度和安全性方面也比其他城市交通工具更具有优势；二是对沿线商家，轨道交通带来的大量乘客是潜在购买者，客流增多，营业额将会提升，同时沿线商铺也会升值，沿线商家是城市轨道交通项目建设的直接受益者；三是对沿线业主，无论是居住或投资，该区位一定范围内的物业资产都会有一定幅度的增值，沿线业主也是直接受益者；四是对沿线房地产开发商，轨道交通的建设和运行必然使购买土地（未建房）和已建房升值，获得更大利润；五是政府，政府获益主要来自两方面，其一是通过向沿线受益群体征税使税收增加，其二是乘坐轨道交通可以减少小汽车噪声和城市空气污染。

城市轨道交通给各类主体带来经济和社会效益。在中国现行城市建设管理体制下基本没有城市尝试通过政府实施溢价归公，大都只是对轨道交通乘客通过票价形式予以回收，其他各类受益者则都在无偿享有。因此，我们可以通过借鉴这一模式的思路探索对直接受益者进行资金回收。

城市土地增值收益分配方式，是指在一定社会分配制度下，采取怎样的具体形式来进行分割，是对分配对象、分配主体、分配比例及分配方式的界定，主要涉及四项内容，即地租、地税、地费以及管理手段：①地租。指土地所有者凭借土地所有权将土地转给他人使用而获得的收入。②地税。任何土地价值的相关税种，都是城市土地增值收益分配的一种方式。③地费。指政府部门收取的土地管理、服务等费用。④管理手段。指政府针对城市土地增值收益的使用、分配设计的机制，如市地重划、区段征收等①。如表 8-2 所示。

表 8-2 部分国家和地区城市土地增值收益分配制度比较

| 国家或地区 | 地租 | 地税 | 地费 | 管理手段 |
| --- | --- | --- | --- | --- |
| 美国 | 土地私有涨价归私 | 单一税、双税率税、现有价值估税、其他不动产税 | 发展征费、受益者付费制度 | 奖励区划、额外收费、包含区划、开发协议、土地征用权、发展权移转 |
| 英国 | 土地私有涨价归私 | 土地价值税 | 增值征费、发展征费 | 规划得益、发展捕获价值 |
| 中国台湾 | 土地私有涨价归私 | 地价税、土地价值税 | 开发影响费、工程受益费、开发申请审查费 | 市场重划、区段征收、容积转移 |

从操作模式上分析，目前部分国家和地区对土地增值收益溢价归公的操作模式主要有三种。一是许多国家和地区基于税收的溢价归公模式，二是以中国香港为代表的联合开发溢价归公模式，三是部分国家和地区采用收费方式实现溢价归公。

## 二、通过税收实现溢价归公

对公共投资项目建设通过税收实现溢价归公，是许多国家和地区普遍采取的方式。由于历史、政治体制、经济体制及所处试点差异，采取了多个税种设计。主要包括土地增值税、特别收益评估税、税收增额融资、分列税率制土地税和房产税等，国内研究总结如表 8-3 所示②。

---

① 张俊、于海燕：《国内外城市土地增值收益分配制度的比较与借鉴》，《价格月刊》，2008 年第 3 期。

② 刘魏巍：《城市轨道交通开发投融资革新模式：溢价回收的理论与实践》，北京：中国建筑工业出版社 2013 年版。马祖琦：《公共投资的溢价回收模式及其分配机制》，《城市问题》，2011 年第 3 期。郑捷奋、刘洪玉：《城市轨道交通对房地产价值影响研究综述》，《铁道运输与经济》，2003 年第 25 期。樊慧霞：《房地产税溢价回收功能对地方政府的激励效应分析》，《经济论坛》，2010 年第 8 期。

表 8-3 公共投资溢价归公税收种类表

| 税收名称 | 研究者 | 解释 |
|---|---|---|
| 土地价值税 | 刘魏巍 | 因公共部门的公共投资而引起的地价上涨,应该由公共部门从土地所有者手中按其受益的范围予以回收 |
| 特别收益评估税 | 马祖琦 | "特别收益"是相对于"普通收益"而言的,一个公共投资项目建成的时候,就会建立起"特别估价区",特别估价区中的群体可以从公共投资项目中获益。所以出于社会公平的原则,应该对这部分群体征收一种现存税种之外的新的附加税 |
| 税收增额融资 | 马祖琦 | 为了帮助特定区域特别是某些社会的问题集中地区或那些经济发展衰退地区摆脱发展的困境,通过发行债券来募集资金,以此来刺激当地物业的增值和社会经济的发展,然后从中抽取当地税收的增额部分,用以偿还债务的一种融资方式 |
| 专项基金+受益税 | 郑捷奋、刘洪玉 | 基础设施具有经济外部性,能够刺激周边物业的开发,从而带来房产增值,因此,可以设立与基础设施有关的专项基金的收费项目 |
| 房产税 | 樊慧霞 | 房地产税具有收回因政府公共投资增加所带来的房地产价值增值的功能,即地方政府通过征收房地产税可以参与房地产价值增值的分配 |

## (一) 土地增值税

1. 课税形式

各国由于政治体制、法律体系和税收制度等差异,对土地增值进行课税的形式不尽相同。全世界范围内的通行形式,主要有以下三种。

第一,将土地增值部分纳入所得税或法人税中征收。其目的是有效抑制土地市场投机行为,实现土地增值部分社会化。其形式主要是将房地产转让收益归土地所有者并课征所得税。主要代表国家有日本、韩国、英国、美国、加拿大、芬兰和法国等。

第二,针对土地投机中的土地增值课税。主要有新加坡、中国香港、法国、韩国、日本等采用此做法,其形式主要是对短期性转让收益课以重税,并对超短期性转让课以特别税。其中,日本对土地转让的短期认定为10年以下,超短期认定为2年以下。中国内地(大陆)则对于2年以内转让城市住宅的征收5%的土地增值税。

第三,直接按照土地增值税进行征收。主要代表国家和地区有意大利、中国大陆和中国台湾,以及韩国等。

2. 典型国家和地区的土地增值税制度

(1) 意大利

意大利是世界上征收土地增值税最成功的国家之一。1972 年意大利进行税制改革，对不动产开征增值税，如表 8-4 和表 8-5 所示。

表 8-4　意大利土地增值税情况表

| 征收标准 | 税种 | 备注 |
| --- | --- | --- |
| 不动产的转让、赠予或继承 | 不动产转移增值税 | |
| 出租房地产 | 不动产租赁增值税 | |
| 拥有不动产超过 10 年 | 不动产定期增值税 | 每隔 10 年通过对不动产重新评估，对其增值额部分征收不动产定期增值税 |

注：应税不动产增值额＝出售价（或现值）－基准日市价（或前次课税时日之市价）×物价指数－改良支出－工程受益费

表 8-5　意大利不动产征税标准和税率表

| 序号 | 征税标准 | 税率 |
| --- | --- | --- |
| 1 | 上涨部分超过基准地价 20% | 3%～5% |
| 2 | 上涨部分超过基准地价 20%～50% | 5%～10% |
| 3 | 上涨部分超过基准地价 50%～100% | 10%～15% |
| 4 | 上涨部分超过基准地价 100%～150% | 15%～20% |
| 5 | 上涨部分超过基准地价 150%～200% | 20%～25% |
| 6 | 上涨部分超过基准地价 200% 以上 | 25%～30% |

针对增值价格水平不同实行阶梯性的征收标准，通过税收回收重大基础设施和公共服务对不动产带来的增值，实现溢价归公。

(2) 中国大陆

为了规范土地、房地产市场交易秩序，合理调节土地增值收益，维护国家权益，根据《中华人民共和国土地增值税暂行条例》（以下称"国务院第 138 号令"）。土地增值税指转让国有土地使用权、地上的建筑物及其附着物（以下简称转让房地产）并取得收入的单位和个人，为土地增值税的纳税义务人（以下简称纳税人），应当缴纳土地增值税。根据《中华人民共和国土地增值税暂行条例实施细则》（财法字〔1995〕6 号）规定，土地增值是指以出售或者其他方式有偿转让房地产的行为。不包括以继承、赠予方式无偿转让房地产的行为。

中国大陆从 1994 年 1 月 1 日开征土地增值税,实行四级超率累进税率(表 8-6)。

表 8-6 中国大陆土地增值税征收标准表

| 序号 | 征收标准 | 税率 |
| --- | --- | --- |
| 1 | 增值额未超过扣除项目金额 50% | 30% |
| 2 | 增值额超过扣除项目金额 50%~100% | 40% |
| 3 | 增值额超过扣除项目金额 100%~200% | 50% |
| 4 | 增值额超过扣除项目金额 200%的部分 | 60% |

从实际情况看,土地增值税在全国税收收入中占比一直较低,但比重一直在增加(表 8-7)。从最近五年的国有土地使用权出让收入与同期土地增值税相对比来看,土地增值税为同期国有土地使用权出让收入的 10%左右。

表 8-7 中国大陆土地增值税收入变动情况表

| 年份 | 收入(亿元) | 环比增速 | 占税收总额比重 |
| --- | --- | --- | --- |
| 1994 | 0.01 |  | 0.002% |
| 1995 | 0.29 | 2 800.00% | 0.005% |
| 1996 | 1.12 | 286.21% | 0.011% |
| 1997 | 2.53 | 125.89% | 0.031% |
| 1998 | 4.27 | 68.77% | 0.046% |
| 1999 | 6.18 | 44.73% | 0.058% |
| 2000 | 8.39 | 35.76% | 0.067% |
| 2001 | 10.33 | 23.12% | 0.068% |
| 2002 | 20.51 | 98.55% | 0.116% |
| 2003 | 37.3 | 81.86% | 0.163% |
| 2004 | 75.1 | 101.34% | 0.292% |
| 2005 | 140.31 | 86.83% | 0.488% |
| 2006 | 231.48 | 64.98% | 0.665% |
| 2007 | 403.1 | 74.14% | 0.883% |
| 2008 | 537.31 | 33.29% | 0.910% |
| 2009 | 719.56 | 33.92% | 1.208% |
| 2010 | 1 278.29 | 77.65% | 1.747% |
| 2011 | 2 062.61 | 61.36% | 2.298% |

续表

| 年份 | 收入（亿元） | 环比增速 | 占税收总额比重 |
|---|---|---|---|
| 2012 | 2 719.06 | 31.83% | 2.702% |
| 2013 | 3 293.91 | 21.14% | 2.980% |
| 2014 | 3 914.68 | 18.85% | 3.285% |
| 2015 | 3 832.18 | -2.11% | 3.068% |
| 2016 | 4 212.19 | 9.92% | 3.231% |
| 2017 | — | | |

数据来源：财政部官网

（3）中国台湾

我国台湾地区根据土地增值部分产生原因，将土地增值区分为人为增值与自然增值。人为增值又称为改良增值，是因为土地拥有者努力而得。自然增值是由社会进步、社会投资改良、土地本身稀缺所致。对于溢价归公的"涨价"就是指土地的自然增值部分，由社会共同占有，以达到地利共享的目的。

台湾地区的土地增值税基于土地的自然增值，于土地所有权转移收归公有的原则进行设置。土地增值税在台湾地区的实践中推行也相当成功。1956年土地增值税收入占全部土地税收入的1.84%；1976年达到了50%，1992年为85.67%，1994年度为70.22%。土地增值税现已成为台湾地区的最主要税种，对于遏制土地投机、合理配置土地资源，起到了积极的作用。

台湾地区现行土地增值税分为三种，如表8-8所示。

表8-8 我国台湾地区土地增值税情况表

| 征收标准 | 税种 | 备注 |
|---|---|---|
| 不动产的转让、赠予或继承 | 土地增值税 | 如有偿转移，纳税人为原土地所有权人；如无偿转移（继承、受赠等），纳税人为取得土地所有权人 |
| 设立典权的土地 | 土地增值税 | 纳税人为出典人 |
| 拥有不动产超过10年 | 定期增值税 | 税基为前后两次课税的政府公告现值之差 |

台湾地区现行土地增值税分三级进行征收。根据土地转让时的申报价格与上一次转让时的申报价格（如果没有发生过转让，则依据政府确定的公告地价）之间的差额确定土地增值，并按一定的比例采用累进税制。土地增值税计算公式如下：

$$应纳税额 = 土地自然涨价总额 \times 税率$$

土地自然涨价总额＝申报的转移价（或申报时的公告现值）－原规定地价－
　　　　　　　　前次转移的征税价×（物价指数/100）－改良土地费用－
　　　　　　　　已缴纳的工程受益费－土地重划负担费

具体征税标准如表8-8所示。

表8-9　我国台湾地区土地增值税征收标准表

| 应税级别 | 征收标准 | 税率 |
| --- | --- | --- |
| 第一级 | 土地涨价总数额超过原地价或前次转移申报现值未达100% | 40% |
| 第二级 | 土地涨价总数额超过原地价或前次转移申报现值未达200% | 50% |
| 第三级 | 土地涨价总数额超过原地价或前次转移申报现值200%及以上 | 60% |

为了解决课征地价税的标准问题，我国台湾地区制定了土地定价制度以规定地价及公告现值。规定地价每三年评估一次，并公布一次各类房屋标准价格；不同区位的土地现值每年公告一次，称为公告现值。

政府公告的现值与市场价格存在一定差异。征收土地增值税时，以所有权人的申报现值为土地涨价计算依据，土地申报现值必须大于或等于公告现值，因此实际征收的土地增值税税基可能并没有按照土地转移时的实际价格征收。为解决该问题，政府采取了"就高不就低"的原则，弥补两者之间的差距，同时台湾地区还采取了一系列措施，以逐步减少政府公告现值与市场实际交易价格之间的差距，这也使征税制度更加完善。正是在完整科学的土地评估体系和严格的执行体系之下，台湾地区的土地的增值税征收取得了巨大成功。

（二）定期不动产税

定期不动产税是针对占有房地产超过一定年限的产权者征收，通过对房地产的重新评估，针对增值额进行征收，一般分为10年期和5年期增值税种。德国、英国、日本曾实行过的土地增值税及意大利现行不动产增值税都是对未发生转让的土地的自然增值进行征税。

目前，意大利仍然每隔10年通过对不动产重新评估，对其增值额部分征收不动产定期增值税。

我国台湾地区对占有不动产超过一定期限征收定期增值税，主要是针对企业和社团所拥有的不动产；占有超过10年的，每隔10年征收不动产定期增值税。课税的税基，为前后两次课税的政府公告现值之差。

## (三) 不动产租赁增值税

意大利和中国均对租赁不动产课以不动产租赁增值税。

中国对不动产租赁课以增值税。由于"2016年起,实施营改增"对于不动产租赁采取了不同的课税办法。根据《纳税人提供不动产经营租赁服务增值税征收管理暂行办法》(国家税务总局公告2016年第16号),对于2016年4月30日前取得不动产和之后取得的不动产,采用了不同的计税方法,对于一般纳税人、小规模纳税人采用不同的税率(表8-10)。

表8-10 我国现行租赁不动产征税情况标准表

| 序号 | 纳税人 | 课税对象 | 税率 |
| --- | --- | --- | --- |
| 1 | 一般纳税人 | 2016年4月30日前取得的不动产 | 5%,采用简易计税方法 |
| 2 | 一般纳税人 | 2016年5月1日后取得的不动产 | 11%,采用一般计税方法 |
| 3 | 小规模纳税人 | 出租不动产(不含住房) | 5% |
| 4 | 小规模纳税人 | 出租住房 | 1.5% |

## (四) 特别增值税

韩国对法人所有的土地因转让的课以转让所得税。按照韩国所得税法的规定,对个人所有土地的转让差价应课征转让所得税;对法人所有土地的转让差价,作为年度所得先课征法人税,而后再课征法人税特别附加税,又称法人税、特别附加税。法人新建房屋并出售时,可以10倍于建筑面积的土地(城市地域为5倍)作为建筑物的附属土地,从特别增值税的课税对象中扣除。

特别增值的课税,税基是因课税对象资产的转让而发生的转让差价,具体计算如下:

转让差价=转让价款-取得时的价款-转让费用-取得时的价款×物价上涨率(最高5%)×持有期限

特别增值税的税率,在未登记转让时以35%计,其他情况下则以25%计。同时,政府也设置了部分免税条款。

## (五) 土地超额利得税

韩国1989年已制定了《土地超额利得税法》和《开发利益回收法》。《土地超额利得税法》规定的土地超额利得税,是对土地所有者由于地价上升而获得的土地超额利得所课征的一种税。课征对象限于闲置土地和法人的非经营用地。土地是否闲置，应根据《土地超额利得税法》的有关规定来确定，也可以按照课税期结束时实际或公簿上登记的情况来定。土地超额利得部分是指在课税期间发生的，从开发收益中减去正常地价上升额、金融机关的定期预约金利息及投资于土地的资本性支出费用后的余额。其中，开发收益指的是课税结束日地价减去开始日地价的差额。正常地价上升额指的是据韩国建设交通部调查、评价并公布的全国平均地价上升率确定的地价上升额。土地超额利得税的课税期为3年，即从课税期开始年度的1月1日起到结束年度的12月31日为止，就土地超额利得课征利得税。

土地超额利得税的税率为50%。闲置地的所有者必须在课税期内向所属税务所长申报土地超额利得税的课税标准和税额。闲置土地在国税厅所指定的范围内，并且作为开发项目所在地区的周边地域的，在地价上涨或有可能上涨的情况下，课税期的第一年或第一年的地价上涨超过正常地价上涨额的150%和改良费的合计额，那么对超额利得部分课征土地超额利得税。1992年后，随着地价的稳定，则以地价上升率超过44.5%的闲置土地为对象，每三年课征一次土地超额利得税。其中，国家、地方自治团体、外国政府所有的土地、道路和铁路等公共设施，历史遗址，墓地，以及课征过开发负担金等的土地可以免税。政府投资机关等公共单位进行的土地开发和住宅建设项目，一部分予以减税，减税率为50%。土地超额利得税只适用于闲置地，闲置地以外的其他地价上涨的土地则在转让时课征转让所得税。

韩国土地超额利得税的推行较为困难，纳税人对土地超额利得税的抗税现象十分严重，这主要是由于：①该税种是对未实现利益的课税，纳税人实际上没有取得据以纳税的收入；②闲置地或非营业用地难以界定；③公示地价的计算存在问题；④如果地价下降，先前缴纳土地超额利得税的纳税人要求退款。

此外，即使制定该税种意在迫使闲置地所有人出售或有效利用土地，但所有者也可建一些临时建筑物以逃避土地超额利得税。

### （六）税收增量融资

1. 基本概念及发展历史

税收增量融资（Tax Increment Financing，以下简称TIF），是一种由美国提出的适用于特殊地区城市建设的公共融资工具，1952年于美国加利福尼亚州首次使用。其核心机制在于利用未来的增量税收进行融资，以补贴现期开发建设项目的资金需求。

起初，TIF主要是为了帮助经济发展衰退或社会问题集中的特定地区摆脱发展困境。20世纪70年代，由于美国政策环境变化，其地方政府财政资金出现不足，TIF开始流行起来。时至今日，TIF已在全美49个州及哥伦比亚特区获得立法通过，成为美国地方政府促进经济发展最为灵活且使用最广泛的政策工具之一。

TIF能够在美国盛行与其自身的运作机理亦有很大关系，在城市发展过程中，公用设施的建设与其相关的政策制定除了促进城市本身发展外还会产生一定的外溢效应，这种外溢效应通常会带来一定范围内的资产价值改变，进而可能为该地区带来增值收入。TIF便是利用该部分增值收入对项目投资进行补贴，通常情况下其成本可以完全被增值收入覆盖，实现一个自我融资的闭环系统。因而对地方政府来说，TIF是一种几乎不需要占用财政支出的发展工具。

2. 主要应用范围及限制

TIF可用于资助各种公共设施、公用事业的土地征用、规划设计、建设运营等成本，如污水管道的扩建和修理、暴雨排水、街道建设和扩建、供水、公园改造、路灯和人行道、交通管制、街道照明、园林绿化、环境修复、桥梁施工与维修、停车场结构、图书馆、紧急服务设施、学校等建设。

创建一个TIF区是地方政府对当地的一项重大承诺，因TIF其本身复杂多变，同时该做法又赋予了地方政府相对灵活的决策权力，并可能涉及大量的资金收入。因此，为防止美国各地方政府对TIF的滥用，其各地立法机构通常从以下几个方面对TIF设置了严格的衡量标准。

一是要符合公共利益的发展目标。主要从社会与经济效益两方面进行判断，即该项目的建设内容须符合该区域的发展需求，同时该项目所带来的增量收入能够覆盖当地政府因项目实施可能要负担的额外成本。

二是从法律层面判断项目是否可行。首先要明确当地政府对将实施TIF区域的规划要求，其次要确认实施TIF所属的地区包含在该州所规定的适用TIF的范围内，最后要证明TIF是实现发展目标的唯一方式。

三是明确项目的资金来源。即TIF实施后产生的资金收入足以支付项目本身的开发成本，同时要明确是否需要地方政府发行TIF债券。

四是明确开发主体情况。主要包括该项目是否已有目标企业，或者需要由地方政府寻找；同时，要明确该企业能够提供的资金数量及其本身的经验和实力是否能够支持完成本项目。

五是是否满足政府需求。例如，当地政府是否需要获取土地，其上的居民要如何转移，政府对重建的项目的控制要求等。

3. 典型实施流程

美国各地方针对 TIF 的设计思路在大体上基本一致，主要可分为项目申请和项目执行两个阶段。在项目申请阶段的主要流程为：①提交申请前要召开项目介绍会；②正式提交申请；③商讨具体条款和条件；④提名候选开发商；⑤草拟和商议开发计划；⑥将开发计划提交具有审批权限的议会审议。整个申请审核过程至少需要 9—10 个月的时间①。

在项目执行阶段，即在实施 TIF 时首先需要围绕项目规划一定范围内的 TIF 区，并设立该区的管理机构和发展基金。在 TIF 区设立后，政府会依据区当前的"均等化评估价值"确定税收的基准值，并将该部分税收冻结。在项目开始后，被冻结部分的税收仍将归其原征税主体所有，而在此基础之上的税收增值则归属于 TIF 区管理局，并纳入发展基金用于支持项目的开发。TIF 一般会持续 20 年左右，在此期限之后 TIF 区将被撤销，区域内的全部税收将重归各征税主体所有。

由于在 TIF 过程中，项目投资的发生往往前置于税收的增加，TIF 区一般会通过发行税收增量债券先行融资，日后再用回收的增量税收偿还债券本息。此外，在一些公司合作项目中，前期发展可能受制于项目规模等问题，这时 TIF 区会采用现收现付的方式，由合作开发商先行垫付前期的开发费用，而后再随着项目的进展按年偿付。

4. 收入来源

TIF 的收入来源通常是建立在地方财产税的基础上，但也有些地区允许捕获其他增量收入，例如，销售税增量、公用税增量和收益税增量等。

税收增量的数量是通过在开发或重新开发之前的规定日期设定基数来确定的，在财产税的情况下，基本评估值是在 TIF 计划获得批准后确定的；随着 TIF 项目区域内的新开发，评估值会增加。增量财产税收入是基础评估估值与开发后估值之间的差额。

5. 对 PPP 的借鉴意义

TIF 的核心理念是在不减少现有财政收入的情况下，利用未来的增量收入对现状进行提升和改造，其本质上是一种资源的转移。虽然美国的财税体系与我国有很大差异，并且我国的财产税制度的建立也很难在短期内实现，但通过对 TIF 的梳理和分析可知，TIF 的运作机制与我国现有的 PPP 模式有一定的共同之处，因此仍能从 TIF 的运行方式中获得一些启示，主要包括以下方面。

第一，对于基础设施及公共服务类 PPP 项目而言，目前主要的收入来源

---

① 臧天宇：《税收增量融资：芝加哥的案例与启示》，《城市发展研究》，2016 年第 9 期。

为使用者付费及政府补贴，其付费对象即为直接使用方和政府方，但对于因项目建设而可能享受增值收益的非直接使用者而言并未为此支付费用，例如，因周边设施改善而引发的土地增值、物业增值及税收增长等。我国还没有相关制度收回由此产生的物业溢价，对于土地溢价和税收增长部分，目前的做法是按照分税制的要求全部参与分配。参考美国 TIF 的做法，可以将由因 PPP 项目实施而产生的土地增值收益和税收增值地方留存部分单独划定出来，用于该 PPP 项目的融资，划定的期限可以依据项目成本的回收期而定，以此来减轻项目前期建设对地方政府及实施主体所造成的资金压力。

第二，目前我国 PPP 项目的政企分工中，社会资本主要承担了项目的投资建设和运营，政府则主要负责项目的监管及相关政策的制定，大多不参与或少量参与前期投资，是社会资本承担了较大的资金风险，因而对项目的回报情况、资金回收周期等都有较为严格的要求，这对于经济欠发达地区不利于吸引投资。如果参考 TIF 的做法，在项目开始初期允许政府利用增量收入进行相关融资用于支持项目，一来可以降低企业风险，提高地方政府的吸引力；二来由于政府融资的偿还能力本身依赖于项目成功，此举有助于深化政府的项目参与程度，更能保障公共利益的实现。

## 三、联合开发的溢价归公模式

### （一）"地铁+物业"的溢价归公模式

在我国香港地区，联合开发也叫"地铁+物业"的溢价归公模式，即首先选出地铁车站用地，这块土地需要有发展潜力。其次，由地铁公司向政府递交申请，取得开发地铁车站上部空间的权利。再次，寻找可以一起合作的地产开发商。最后，发展商和地铁公司一起分享出售物业所获得的利润。

香港地铁（以下简称"港铁"）非但不依赖政府补贴，相反是少有的有盈利的地铁公司。其原因在于港铁除了铁路业务，还从事多元化的非铁路运营业务，包括住宅及商业项目开发、物业租赁、广告、通信服务和国际咨询服务等。特别是物业的开发、租赁和管理方面的收入已经成为港铁的重要收入来源。物业开发以及租赁管理等占据了收入来源的 50% 以上，并且还有继续上升的趋势。这是港铁经营特点，同时也是港铁进行融资的重要经验模式——"地铁+物业"模式。

1. 香港地铁沿线物业开发

如今，香港的总人口相比 25 年前增加了一倍，其中大约一半人口住在新界，这主要得益于交通系统的改善和地铁沿线开发，特别是住宅和商业的开发。在轨道交通和城市化发展下，香港的市区主要物业形态是商业、办公楼和酒店，而市郊大多是住宅。

在香港地铁的发展模式下，地铁沿线物业已经可以称为一种新的物业业态。在建于1975—1986年的三条地铁沿线上，香港地铁公司开发了18处房地产，其中10处由香港地铁公司自行管理，包括2.8万套公寓、3个购物中心（含15.05万平方米的零售店和12.85万平方米的写字楼）。这三条城市地铁线的总建设成本为250亿港元，而18个不动产项目的收益为40亿港元，约占总建设成本的16%。

香港地铁车站还拥有不少商店，自港铁私营化后，商店种类不断增多。地铁公司会根据每个站点客流的性质和特点，选择不同的站点商店。在大部分香港地铁车站内，都有以下服务：恒生银行分行及自动柜员机、中国银行自动柜员机、便利店和点心店等。同时，每个地铁站还设有收费电话、自助售卖机及自助照相机，站内的报刊派发处还派发免费报刊。此外，为了方便服务，香港地铁内已经全面覆盖电话信号和网络等通信设施。

2. 运作模式

沿线土地的联合开发策略令港铁取得了显著的社会效益和经济效益。尽管地铁票价非常高，且每天超过400万人次乘坐地铁，但是港铁的主要利润来源却不是车票收入，而是得益于地铁带动的整个沿线物业及地铁站商业的经济增长。由于改善了交通，延伸了城区"金贵"地段的范围，地铁沿线的土地价格总是一路飙升，不动产不断增值。香港地铁充分利用这种优势，将地铁建设和沿线地产开发捆绑在一起，通过合资的方式完成对土地增值的回收。

"地铁+物业"模式的成功之处在于结合轨道交通大运力、效率高的特征进行沿线的高密度开发，以此保证沿线建筑体量和交通量的相互促进与均衡。例如，香港青衣城广场未开业之前，该站的客运量每天仅1万人次，商场开业后逐渐递增至每天4万多人次，不仅带动了商场的客流，还增加了地铁的营运收入。同时，港铁还就地铁上盖物业的开发积极与房地产商合作，分担建造费用和风险，共同分享利润，有效地控制并回收了轨道交通体系建设的外部效应。

香港这一"地铁+物业"的一般步骤和利益分享者关系（图8-1）是：①线路规划前，港铁向政府取得车站上层空间开发权（Air Right）。②寻找地产商共同开发车站及其上盖空间，由港铁提供土地，开发商支付土地出让金或前期费用以及开发资金。③联合销售或港铁保留部分物业并出租，由开发

## 第八章 溢价归公实现模式

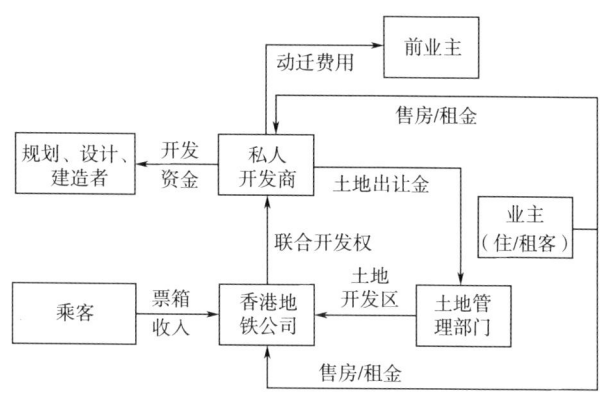

**图 8-1** "地铁+物业"模式下的利益分享者关系

资料来源：本研究整理

商销售剩余部分。如果沿线开发的物业为住宅，待完成开发后可立即销售变现，平分收入；如果是商业或其他类型物业，则开发商须按照一般标准和事先约定的利益分配方式进行操作。在联合开发中，政府、地铁公司和开发商是伙伴关系，没有一方可以单独成功。没有地铁建设，土地增值效应不会如此显著；没有政府授予的土地开发使用权，则地铁公司没有机会有效整合地铁线路、站点和沿线土地；没有开发商，光靠政府和地铁公司难以完成如此大体量的开发和管理。只有这三方的通力合作，才能使各方尽可能多地获取利益。

3. 香港地铁联合开发体制背景分析及借鉴

审视港铁能够盈利的原因，主要分为两方面。第一，它获取了周边的土地使用权。第二，它有专门的物业发展部门，具有土地和物业经营管理的能力。香港地铁模式目前在内地难以推行的最大原因是招拍挂制度。

香港目前实行的是土地批租制度，即在一定期限内转让土地使用权。由于政府控制土地储备，所以在联合开发初期，政府在通过批租将地块使用权进行租借方面有着决定作用，从而保证了港铁公司对土地使用权的控制。同时，这需要政府机构对轨道交通企业的联合开发过程有一定的监管。

在这方面，香港有相关法规如《香港铁路条例》进行保障，而内地的现行招拍挂制度则规定：所有经营性土地一律都要公开竞价出让，不得采用协议方式出让经营性土地使用权。如此一来，以土地作为补偿方式的地铁特许经营项目就必须面临招拍挂这一门槛。

可见，若单独将地铁沿线土地使用权通过招拍挂方式出让，在"地铁+物业"模式中，就不能确保地铁项目公司必然取得该招拍挂地块的土地使用权。

但是，如果政府允许延迟土地出让金的缴纳或减免部分土地出让价款以作为补贴，就可以保证轨道交通企业在公开竞争中具备获取土地的优势。

在现有土地制度下，地铁项目公司通过合法途径取得土地使用权并用于补偿地铁项目也是完全有可能的。借鉴已有的运用于体育场馆等特许经营项目的做法，可以实行捆绑招标方式，即将两个或多个项目捆绑起来进行招标。

具体到轨道交通领域，可采取如下操作模式：将地铁特许经营项目与沿线土地项目捆绑在一起，作为一个项目统一进行招标。由于这种操作模式下的招标文件中会同时要求投标人具备雄厚融资实力、地铁项目的建设运营经验等多方面条件，将使得一般的地产开发商望而却步，从而使真正合格的地铁投资商在中标赢得地铁特许经营权的同时，又以招拍挂的方式获得地铁沿线项目的土地使用权。但必须指出的是，这种模式一般只适用于招标时地铁沿线地块已经确定的情形，不适用于分批分期给予土地补偿的情形。

此外，还有一种以土地作为出资的模式。考虑到土地在未来的巨大升值空间，有些地方的政府提出了以土地作为出资，和中标投资商共同组成项目公司的地铁开发模式。在政府与投资商共同成立地铁项目公司的情况下，政府将拟授予地铁项目公司开发的地块土地使用权进行评估作价，并以资产出资方式将该部分土地使用权投入地铁项目公司，则地铁项目公司可直接获得土地使用权；同时，该土地使用权相应的股权则由政府委托某国有企业（如城市基础设施投资公司）持有，亦可由国资委持有。在该模式下，土地使用权出资作为政府与投资商合作的条件，不经土地使用权招标、拍卖或者挂牌，确保了项目公司取得土地使用权。采用该种操作方式须考虑的因素很多，比如，政府股权的持有方式、出资比例、收益分配等须与项目公司的整个架构设计相衔接。此外，鉴于土地使用权价值的不断波动，在采取该种方式时，须充分考虑到未来土地的增值因素。

此外，依据最高人民法院《关于审理涉及国有土地使用权合同纠纷案件适用法律问题的解释》第三条的规定，经市、县人民政府批准同意以协议方式出让的土地使用权，土地使用权出让金低于订立合同时当地政府按照国家规定确定的最低价的，应当认定土地使用权出让合同约定的价格条款无效。由此可见，只要土地出让合同中约定的土地出让金不低于国家确定的最低价，经政府批准的协议出让合同即为有效合同。在轨道交通建设中，只要政府同意以协议出让的土地补偿地铁亏损，特许经营协议以及土地出让合同均为合法有效。

(二) 英国现行土地增值回收的规划得益方式

在英国，1947年颁布的城乡规划法使得土地发展权国有化，这令英国土地所有者只拥有按现有法规规定使用土地并收益的权利，超过现有条件使用土地并收益的权利属国家所有。

规划得益（planning gain）是由于土地发展权国有，地方规划部门在授予规划许可的过程中，从规划申请人（通常是开发商）身上寻求的规划条款中规定义务以外的利益，规划申请人付出这一利益的方式可以是实物的、现金的（支付），或者某种权益。这种机制后来成为"规划义务（planning obligation）"[①]。

从经济性质上讲，这种对开发商的额外收费可以被认为是一种土地增值的回收方式，出发点在于土地发展对社区带来的负的外部性的补偿；同时，将基础设施的建设负担从政府转移到地主或者开发商身上。

该做法允许地方政府在规划的审核中针对特定土地收取规划得益，以谋求社区的利益。在基本保留现有收费的框架下，针对开发竞争压力大的区域，可以赋予地方政府更大的灵活性，在规划许可的审批中可以向开发商收取额外利益，以补偿其开发对社区造成的影响，其收取的资金使用范围从生活便利设施的提供，到中低收入居住单元的建设等，都是可以尝试的。

政府采用收取工程受益费的方法，可获得土地的自然增值，支付基础设施建设经费。政府投资建设的重大工程等基础设施为周边土地带来了巨大的增值，而政府公共部门需要投入资金的地方相对于其有限的地方财政收入而言又是远远不够的。因此，采用工程受益费的方法，回收土地的自然增值，从而得以提供基础设施建设所需经费。

（三）借鉴思考

综合运用溢价归公手段，适应服从区域开发建设目标的需要。溢价归公的融资手段很多，且均有其特定的社会经济背景，并且服务于特定的回收目标。开发权转移是在区域开发中公共利益与私人利益发生冲突的背景下提出的，通过引入市场经济手段，合理配置空间资源，不仅较好地解决了利益相关者之间利益不均衡问题，且有利于促进区域开发的有序性和可持续性。

## 四、其他回收方式

（一）土地增值收益的溢价归公方式

1. 土地开发权转移制度

土地开发权转移制度的运作思路是将土地的开发权从土地的所有权中独

---

[①] 张俊、于海燕：《英国城市土地增值收益分配制度及其启示》，《商业时代》2008年第3期。

立出来,并赋予其一定的交易功能,使其在相关法律法规的规范下,按照市场交易规则,得以自由流动,进而实现社会效益与经济效益的双赢[①]。该制度旨在通过一种市场化方式,将开发权在"保护区"与"增长区"之间转移,以解决公共利益与私人利益的平衡,以及开发商与农地所有者之间的利益平衡。

保护区可将其开发权转移至增长区,增长区则需要为此支付相应的经济补偿。开发权转移作为一种调节手段,从空间层面对土地的开发强度和开发容量进行行政干预,以扭转单纯市场条件作用下的土地开发强度与土地利用格局导致的对环境和资源的不合理占用,并引导开发力量与空间发展重心的转移。通过开发权在不同地域空间的流转,使得开发容量在更为广阔的地域空间进行优化配置,整体的开发容量甚至还有提升,从而达到集约利用土地、减少资源损耗、节省财政支出的目的。

2. 特别收益评估模式

特别收益评估模式是通过设立"收益评估征税区"将公共基础设施与服务设施的建设、运营与维护成本按照一定比例进行分摊,以达到回收投资的目的。"特别收益"是相对于"普通收益"提出的。例如,社区公园的建设会带来周围游憩环境品质的改善和物业价值的提升。从整个城市来看,全市所有居民由于人均游憩面积指标提高都能获得"普通收益",而只有那些居住在社区公园附近的居民才能从中获得"特别收益"。

理论上,只要公共设施的影响范围局限于一个相对较窄的地域,都可以运用特别收益评估方式来回收投资。例如,地铁站点的建设有助于改善周边地区的交通可达性,有助于吸引人流和各类经济活动汇集。因此,可以相应划分地铁站点的特别收益评估征税区,对受益地区的特定群体征收相关费用。

(二) 我国台湾地区的市地重划与区段征收模式

溢价归公原理的实践中,我国台湾地区的市地重划与区段征收是典型的成功案例。台湾地区的市地重划与区段征收是取得城市建设用地,进行公共设施建设、产业开发、居民住宅建设,促进城市发展的重要手段,其中都涉及土地产权性质的转变。

台湾地区的市地重划是指:"依照都市计划规划内容,将都市地区一定范围内之土地,全部重新规划整理,兴办各项公共设施,并于扣除法律规定之公共设施用地及应抵缴之工程费用、重划事业费用、贷款利息等所需抵费地

---

① 马祖琦:《公共投资的溢价回收模式及其分配机制》,《城市问题》,2011年第3期。

之后，按原有土地相关位次，经交换分合为形状整齐之土地，重新分配予原土地所有权人。经重划后之各宗土地均可直接临路，且立即可供建筑使用。"台湾地区以土地所有权人拥有的土地总价值在重划后不减少为原则，规定由重划区的土地所有人按其土地收益比例共同承担该区公共设施用地和重划开发等费用，同时规定全区用于共同负担和折价抵付的土地面积总和不得超过该重划区总面积的45%。从土地所有权人角度看，参与市地重划后，所拥有的土地面积虽然减少了，但由于基础设施完善，土地使用条件改善，土地价值大幅度上升，因此这一做法获得土地所有人的广泛支持。

区段征收则是指由政府部门将一定范围内的私人土地一次性全部征收并根据城市规划需要重新规划整理后，除公共设施用地由政府直接使用外，其余可建筑土地，部分由原土地所有者按一定比例申请领回作为补偿或优先买回，部分由政府部门售予国民住宅或其他需地机关使用，其余土地则公开标售或出租。代替现金补偿返还给原土地所有者的土地成为抵价地，台湾地区有关法律规定以抵价地作为补偿的，其面积不得少于征收总面积的40%，且土地所有权人可自由选择现金补偿或抵价地补偿。

（三）土地开发负担金

20世纪60年代以来，韩国经济的高速增长促进了城市化建设。城市周边的林地、荒地和耕地变成住宅区、商业区及工业用地，使地价大幅度上升。但是地价上升所带来的利益并没有反哺于社会，而是只归土地所有者和开发者所有，这导致了社会分配不公，并进一步造成地价上升和土地投机行为的发生。韩国政府为此实行了受益者负担金制度和转让所得税制，但实际效果较差。为此，韩国政府以土地公有概念为基础，于1989年制定了《开发利益回收法》，并于1990年3月开始实行土地开发负担金制度。土地开发负担金是指经国家、地方自治团体审批后实施的宅地开发、工业密集区建设等土地开发项目，当产生超过全部开发事业总费用的开发利益时，国家对其课征的税金。土地开发负担金是按开发项目完成后的地价减去原地价、开发期间正常地价的上升额及开发费用后的差额的50%计征。其中，计算正常地价上升额时参考建设交通部调查、公布的全国平均地价变动率和定期储蓄利率。开发费用包括纯工程费、调查费、设计费、其他费用、税费等。若在开发项目施工期间已缴纳转让所得税（包括特别附加税），则该项税额也应计入开发费用。原则上，所有的开发项目都应缴纳土地开发负担金，但目前仅适用于规模较大且肯定或预期能产生较大开发利益的事业。目前有住宅土地开发、工业不动产开发、基础设施开发、休养胜地开发及法律规定的其他开发事业共

28 类适用土地开发负担金制。对政府开发的或以政府名义开发的项目，则实行免征或减半征收开发负担金。

## 五、我国采用溢价归公模式的建议

溢价归公模式种类繁多，每一种模式都有其特定的社会背景和特定的回收对象，因此，在借鉴溢价归公策略时也要结合我国具体的国情。

对于税收的溢价归公模式，其难以在我国推广的主要原因是我国税收方面的法律体系尚不完善。例如，我国关于城市轨道交通的全国规范性文件只有于 1997 年制定并于 2001 年修订的《城市地下空间开发管理规定》、2004 年制定的《市政公用事业特许经营管理办法》和 2005 年制定的《城市轨道交通运营管理办法》等，而这些文件基本上没有涉及溢价归公相关方面的规定。

对于联合开发的溢价归公模式，目前在我国难以实施的主要原因在于土地的获取方式，因为轨道交通企业在拿地时，很难一并拿到轨道交通站点沿线的土地。值得关注的是，近年来也有一些城市在努力尝试突破招拍挂的土地出让方式，例如，上海、深圳、南京、广东等，特别是广东省，提出政府可以通过把土地作为资产以作价形式入股到地铁公司，这无疑是一大突破。因此，其他城市可以借鉴上述一些地方的经验，灵活运用土地出让方式，从而实现城市轨道交通与沿线土地的联合开发。

应建立和完善科学的地产评估制度和体系。1980 年 11 月，中国土地学会成立并召开了许多学术讨论会。1992 年 9 月 7 日，建设部颁布了《城市房地产市场评估管理暂行办法》。经历了 40 多年的发展与创新历程，现已经基本建立了房地产评估师执业资格制度，整个房地产评估行业也建立了房地产评估的技术规范，从而形成了统一的房地产评估市场与行业标准。

从国际上看，为保证估价的规范性和准确性，韩国、意大利等都实行了房地产估价师制度，并在全国建立健全了土地信息系统。我国现行增值额的确定主要是根据纳税人转让国有土地使用权和房地产所取得收入减除条例规定的扣除项目金额后的余额。涉及需要估价的条款繁多，如果没有科学的估价制度，就难以准确确定土地增值额。科学的地价体系具有公示、参考、税收和政策调控作用，以及对土地利用方式和利用强度的引导作用，地价评估体系的核心是要科学确定基准地价。我国大部分地方目前还没有对城市土地定级估价（基准地价）成果进行快速、动态更新的有效方法，现有地价监测大多还只侧重于对历史数据的分析计算，缺乏预测、预警的内容，在土地价格上缺乏现实性和前瞻性。因此，有必要在这一方面借鉴各方的有益经验。

# 第九章 完善 PPP 项目土地应用政策的建议

## 一、促进 PPP 发展的涉地政策建议

（一）制定专门的 PPP 用地政策指南

改革开放以来，我国逐步建立起了较为完善的土地方面的法律、政策体系。现行土地政策在调控经济运行、推动节约集约用地、落实社会经济发展规划、保障民生用地等方面发挥了重大作用。特别是为了实现经济由高速增长向中高速和高质量增长的转变，推动产业迈向中高端水平，国家已经制定出台了各项支持新经济、新产业、新业态、新发展模式的用地政策，尤其是 2016 年 10 月国土资源部公布了《产业用地政策实施工作指引》（以下简称《指引》），为打通政策落实的"最后一公里"奠定了坚实的基础。《指引》对优先安排用地的产业、土地供应方式、配套建设用地、过渡期政策等都做了相应的规定，但其中涉及 PPP 用地的内容很少，只有第九条指出："采用政府和社会资本合作方式实施项目建设时，相关用地需要有偿使用的"，可将通过竞争方式确定项目投资主体和用地者的环节合并实施。目前，我国 PPP 项目已涵盖能源、交通运输、水利建设、生态建设和环境保护、市政工程、城镇综合开发、农业、林业、科技、保障性安居工程、旅游、医疗卫生、教育、文化、体育、社会保障、政府基础设施等 19 个一级行业，由于每个行业的性质不同，其 PPP 项目获取建设用地的途径、方式也有差异。同时，诸如城镇综合开发、旅游等行业的 PPP 项目均属于片区类项目，往往会涉及多宗土地，且土地的性质既可能属于国有，也可能属于农村集体所有，所以，项目建设用地的取得过程较为复杂。为了加快 PPP 模式的推广运用以及相应项目的落地速度，在获取项目建设用地环节，迫切需要新的、规范性的土地政策作为操作依据。因此，土地管理部门应针对 PPP 这种新发展模式，及时制定专门的项目用地指南，推动 PPP 事业的健康稳定发展。

## (二) 尽快出台 PPP 条例或 PPP 法，填补制度空白

在一些领域的投资项目上，尽管国务院及其所属部门出台了相应的鼓励性用地政策，但因缺少上位法的支持，人们对究竟如何运用这些政策尚存疑虑。在公共交通、铁路、城市轨道交通等建设领域，国务院及有关部委都专门制定了鼓励性的用地政策，如《国务院关于城市优先发展公共交通的指导意见》（国发〔2012〕64号）规定"对新建公共交通设施用地的地上、地下空间，按照市场化原则实施土地综合开发。对现有公共交通设施用地，支持原土地使用者在符合规划且不改变用途的前提下进行立体开发。公共交通用地综合开发的收益用于公共交通基础设施建设和弥补运营亏损"。《国务院关于改革铁路投融资体制加快推进铁路建设的意见》（国发〔2013〕33号）中明确，"加大力度盘活铁路用地资源，鼓励土地综合开发利用。支持铁路车站及线路用地综合开发……地方政府要支持铁路企业进行车站及线路用地一体规划，按照市场化、集约化原则实施综合开发，以开发收益支持铁路发展"。对交通项目地上、地下以及周边土地进行综合开发，是国务院近几年来的政策导向。同时，国家发改委在《关于开展政府和社会资本合作的指导意见》（发改投资〔2014〕2724号）中也规定，政府方可"依法依规为准经营性、非经营性项目配置土地、物业、广告等经营资源，为稳定投资回报、吸引社会投资创造条件"。从这些政策文件的内容上来看，无论是进行综合开发的土地，还是为准经营性或非经营性项目配置的土地，都应是经营性用地或商业性用地。但是，根据《招标拍卖挂牌出让国有土地使用权规定》等政策法规，商业性用地，必须以招标、拍卖或者挂牌方式出让。如此一来，如果遵循现行土地法律制度的规定，就无法保证相关项目投资人或开发公司获得相应的土地，而如果采取划拨、协议出让等方式供应土地，则存在违规违法之嫌疑。因此，加快 PPP 立法进程，建立合理的 PPP 项目土地配置法律体系，保障相关项目用地的正当性和合法性是当务之急。

## (三) 按照付费方式的不同，制定不同的供地方式

根据《划拨用地目录》规定，"对国家重点扶持的能源、交通、水利等基础设施用地项目，可以以划拨方式提供土地使用权。对以营利为目的，非国家重点扶持的能源、交通、水利等基础设施用地项目，应当以有偿方式提供土地使用权"。因此，对于 PPP 项目，凡涉及国家重点扶持的能源、交通、水利等基础设施用地的，可依此目录以划拨方式获得建设用地使用权。然而，2016年12月31日，国土资源部、国家发展和改革委员会、财政部、住房和

城乡建设部、农业部、中国人民银行、国家林业局、中国银行业监督管理委员会联合印发了《关于扩大国有土地有偿使用范围的意见》（国土资规〔2016〕20号），依据国土资规〔2016〕20号文精神，土地资源配置应坚持市场化的原则，"扩大国有建设用地有偿使用范围，推进国有农用地有偿使用，规范国有未利用地使用管理。完善国有土地有偿使用方式，健全公平开放透明的国有土地市场规则"。同时，国土资规〔2016〕20号文还专门提出，"对可以使用划拨土地的能源、环境保护、保障性安居工程、养老、教育、文化、体育及供水、燃气供应、供热设施等项目，除可按划拨方式供应土地外，鼓励以出让、租赁方式供应土地，支持市、县政府以国有建设用地使用权作价出资或者入股的方式提供土地，与社会资本共同投资建设……加快修订《划拨用地目录》，缩小划拨用地范围"。可见，尽管公共服务项目（当然包括PPP项目）可以通过划拨方式供应建设用地，但国家鼓励以出让、租赁的方式供应土地，而且，缩小划拨用地范围将是土地政策的未来改革方向。

PPP项目付费方式包括：政府付费、使用者付费以及可行性缺口补助等三种方式。由于政府付费项目是通过政府按期向社会资本支付相应服务费而使社会资本收回投资成本及其合理投资回报的，所以，如果对于政府付费类PPP项目，政府也采用出让、租赁方式供应土地，那么，将出现政府资金从"左口袋"转移至"右口袋"的现象。因此，应按付费方式的不同，采取不同的供地方式，即：政府付费类项目，采用划拨方式供应土地；使用者付费类项目，采用出让、租赁等有偿方式供应土地。至于可行性缺口项目，可视政府补助比例的高低，确定供地方式，如果补助比例高，可采用划拨方式供地，反之则采用有偿方式供地。

（四）按照项目复杂程度不同，制定差别化的用地政策

依据《关于联合公布第三批政府和社会资本合作示范项目加快推动示范项目建设的通知》（财金〔2016〕91号）规定，"PPP项目用地应当符合土地利用总体规划和年度计划，依法办理建设用地审批手续。在实施建设用地供应时，不得直接以PPP项目为单位打包或成片供应土地，应当依据区域控制性详细规划确定的各宗地范围、用途和规划建设条件，分别确定各宗地的供应方式"。财金〔2016〕91号文在这里再次强调了有关土地政策要求，即土地应以"宗"为单位供应，不能打包或成片供应土地。财金〔2016〕91号文的规定虽于法有据，但没有考虑到PPP项目的特殊性。PPP项目按复杂程度可以分为单个项目与组合项目两大类。其中，单个项目建设内容较为简单，用地边界也很清晰，项目设施只要具备单一服务功能即可，如污水处理项目；

而组合项目是由若干项目组成的项目包,项目设施需要具备多元服务功能,如产业新城PPP项目。组合项目不仅涉及市政道路、园林绿化、供水、供电、污水与垃圾处理等建设内容,还涉及医院、学校、养老等基础设施建设,该类项目往往涉及多宗性质迥异、用途不同的土地,同时,为了提高项目整体收益率,需要进行土地的综合开发。为了保障不同类别项目用地的合法性,应进一步出台针对不同类别PPP项目的差别化用地政策,既避免借PPP名义变相"圈地"的行为,又避免对所有项目用地"一刀切"的问题。

## 二、PPP模式土地取得各个环节的建议

(一)明确划拨土地权属

通过划拨的方式取得建设用地作为PPP项目的普遍做法,其土地划拨对象仍然缺少具体实施细则。项目实际操作过程中有多种划拨对象,诸如实施机构、项目公司、政府出资代表等,此外还有土地仍保留在土储中心的操作方式。土地权属的不同带来项目合作期满后项目移交事项内容的不同。同时,土地权属人与项目构建筑物权属人不一致可能带来的法律争端均是项目不稳定因素。因此,建议对该类项目土地权属加以清晰划分。

(二)明确"两标并一标"实施细则

目前缺少"两标并一标"实施方案与细则。"两标并一标"项目涉及经营性用地参与PPP项目,该类操作模式无论于地方政府或企业而言均存在较大的创新意愿。但受制于财政"收支两条线"的管理原则,该模式无法普遍实施,因此建议对可实施"两标并一标"项目的原则加以明确。同时,协调财政与国土部门细化"两标并一标"的具体操作规则。

(三)制定相关政策以匹配土地租赁限制与PPP项目周期

农业项目PPP多涉及土地使用权租赁问题,由于农业项目过程投入大且收益有限,因此为减少政府支付责任,农业PPP项目的合作周期通常较长。然而我国法规规定,租赁合同的最长年限为20年,当PPP项目合作周期超过20年时,虽然可以续签租赁合同,但对于项目合作的稳定性等而言还是增加了不确定因素。因此,建议针对PPP项目中的土地使用权租赁问题给予特殊政策支持,以保证项目的稳步推进。

## 三、大型综合 PPP 项目与土地前期开发结合的建议

（一）进一步明确经营性用地的征拆工作与 PPP 项目的关系

大型综合 PPP 项目中通常涉及合作区域内经营性用地征地拆迁投资事项，并且该工作是项目能否顺利推进的重要环节。目前的政策文件描述与财政部示范案例之间存在一定的差异。从推动大型综合 PPP 项目的角度，在不增加政府债务和有效控制市场风险的条件下，建议明确该类项目中的经营性用地征地拆迁投资事项与 PPP 项目投资边界的关系。

（二）明确 PPP 项目产生的土地出让收入与支付的关系

政府一般公共预算作为支付 PPP 项目的支付来源在财金〔2015〕21 号文中已经明确。但针对大型综合 PPP 项目，完善的基础设施及公共服务设施提升了项目区域中的土地价值，而土地出让收入是合作前期中政府收入的主要来源，目前仍然缺少明确的政策来支持该类项目的土地出让收入可作为支付项目的资金来源，建议进行相关政策制定。

## 四、PPP 项目中土地收益分配的建议

（一）完善顶层设计，规范政府性基金使用

在防范地方债务风险、鼓励规范实施的大背景下，PPP 项目财政支出的全口径预算管理应更为规范，政府性基金预算的使用必将影响到下一阶段 PPP 模式的发展，应尽早将相关内容纳入监管范围内。

根据财金〔2019〕10 号文和财金〔2015〕21 号文规定，对于政府性基金预算在新签约的 PPP 项目中无法使用的，可在符合政策方向和相关规定的前提下，统筹用于土储和棚改专项债的还款，以支持 PPP 项目。而财金〔2017〕2587 号答复中明确解释：10% 上限控制的仅是需要从一般公共预算中安排的支出责任，并不包括政府从其他基金预算或土地、无形资产等之中投入的部分。

针对存量 PPP 项目，建议财政部会同自然资源部抓紧研究制定土地储备资金财务管理办法、会计核算办法，建立健全土地储备成本核算制度。财政部门要加强对土地储备资金使用的监督管理，规范运行机制，严禁挤占、挪

用土地储备资金。

目前我国政府性基金管理实行的是"以收定支"的管理原则，PPP项目中对一般公共预算中安排的支出责任不得超过10%的红线，这两部分资金来源均受到限制。但PPP项目中，政府和社会资本方是以合同为基础的平等合作的民事主体，按照合同约定履行各自的投资、建设、运营、管理的义务，政府方理应全额支付当年的服务费，否则即构成违约。为保证PPP项目中政府履行支付义务，政府将支付责任纳入中长期预算，是十分必要的，也是保障PPP项目顺利实施的必要措施。

地方政府在研判政府支出责任中各预算账户内如何分配时，可参考各地历年政府性基金预算中相关科目中可用部分的占比情况，并充分考虑各方因素，如政府性基金的征收和使用期限要求，确保PPP项目合作期内各年预算支出安排能够合理地预估，风险能够合理控制，财政支出责任的履行能够得到有效保障。

（二）充分发挥财政承受能力论证的作用

现阶段地方政府在开展财政承受能力论证时，"从一般公共预算安排的PPP项目支出责任不超过一般公共预算的10%"的政策逻辑起点在于从"宏观角度"保障政府履约能力，防范和控制财政风险，并非针对具体预算编制工作。具体到实际预算如何安排，在我国现行预算法框架内的政府四类预算中如何合理分配，必然是建立在整体财政风险可控的前提下，这就需要PPP项目财政承受能力论证的编制应更加深入，报告编制单位与预算编制部门共同沟通，详细分析项目政府资金来源及组成。在降杠杆、控风险、促规范的大背景下，不能滥用政府性基金预算承担PPP项目的政府支出责任。

由于PPP项目周期至少在10年以上，作为项目支出责任的资金来源，必须具有稳定性。目前，财政部还没有对政府性基金用于PPP项目进行财政承受能力论证提出要求，但从风险防控的角度讲，政府性基金也是以收定支原则，应该和一般公共预算一样，对基金收入有预测评估。PPP项目进行财政承受能力论证时，要根据项目所在区域前五年一般公共预算支出数额、公共财政收入数额，来计算区域支出和收入的增长率，并从中取一个平均值来预测政府对项目的支出能力。政府性基金增长率的预测比较复杂，有条件的可以参照一般公共预算预测方法评估未来支出能力，没有条件预测的，可根据基金前五年平均支出来安排项目周期内的动态平滑支付。

（三）加强对农业项目的支持

在PPP项目实践中，部分片区开发类项目实施的是封闭式运行，将片区内土地出让收入作为政府方支付本项目支出资金的来源,对此在南京市溧水区产业新城综合开发项目、河北易县经济开发区项目、湖北省黄冈市团风县产业新城项目的PPP项目实施方案中均已明确:将PPP项目合作开发区内的土地出让收入与新增税收收入、非税收入作为项目公司的回报资金来源,由于溧水区产业新城综合开发项目和易县经济开发区项目都是财金〔2016〕91号文发布的国家第三批示范项目,湖北省黄冈市团风县产业新城项目则是国家第四批示范项目。因此,将上述资金来源中的地方留成部分作为支付的资金来源,并列入经本级人大审批的财政预算中予以支付的方式是合规的。

我国土地出让收入,尤其是征收集体土地后出让的土地,其使用和分配长期偏重于城市建设。然而在规定的支农支出方面,包括计提农业土地开发资金、补助被征地农民社会保障支出、保持被征地农民原有生活水平补贴支出以及农村基础设施建设支出等,农业土地开发资金在国有土地收入中仅占不到1%,这种分配方式,严重影响了农民对土地出让收入的受益权。土地出让收益作为地方政府财政收入最主要的构成部分,将出让收益用于城市建设,对于促进地方经济发展和提高城市公共服务设施水平具有积极作用。然而,长期倾向于城市建设,造成了城乡发展的巨大差异。因此,通过政府有效调节促使出让收益流向农村建设以及公共服务、民生项目等公益性支出是出让收益共享的有效途径。

党的十九大提出实施乡村振兴战略。《乡村振兴战略规划(2018至2022年)》指出,要提高土地出让收益用于农业农村比例并着重提出:"坚持取之于地,主要用之于农的原则,制定调整完善土地出让收入使用范围、提高农业农村投入比例的政策性意见,所筹集资金用于支持实施乡村振兴战略。"因此,建议加大对PPP项目中农业类项目的扶持,将土地出让收益更多地投入到农村建设中。

(四)提高透明度,适时公开各地区财承(财政承受能力)情况

经过三年的系统推进,PPP信息公开工作已经取得积极成效,财政部所建立的PPP综合信息平台已成为各地强化项目管理、推进项目对接、推动项目落地的重要工具,有效降低了项目基础信息的获取成本。但在具体项目层面,信息公开尚没有完全遵循统一标准和规范程序,仍存在部分项目所附的"两评一案"屡次调整但未及时更新、部分项目所填报信息存在明显讹误但未及时修正等问题。更重要的是,目前难以直观获取各地市总体的财政承受能力情况。如果地市PPP项目数量较少,可以逐个项目摘取数据后加总进行分

析。但如果地市PPP项目数量较多，社会资本在决策时难以对地市财政承受能力情况有准确的判断，从而直接影响社会资本参与的信心，以及项目的规范发展。因此，建议适时公开各地区财承占比情况，以供PPP项目各参与方准确把握风险，确保项目规范运作。